POJIE
SHIJIELISHI
MIAN

破解
世界历史
迷案（上）

张凯月 ◎ 编著

中国出版集团
现代出版社

图书在版编目(CIP)数据

破解世界历史迷案(上) / 张凯月编著. —北京：现代出版社，2014.1

ISBN 978-7-5143-2138-8

Ⅰ. ①破… Ⅱ. ①张… Ⅲ. ①世界史 – 青年读物 ②世界史 – 少年读物 Ⅳ. ①K109

中国版本图书馆 CIP 数据核字(2014)第 008604 号

作　　者	张凯月
责任编辑	王敬一
出版发行	现代出版社
通讯地址	北京市安定门外安华里 504 号
邮政编码	100011
电　　话	010 – 64267325 64245264(传真)
网　　址	www. 1980xd. com
电子邮箱	xiandai@ cnpitc. com. cn
印　　刷	唐山富达印务有限公司
开　　本	710mm×1000mm　1/16
印　　张	16
版　　次	2014 年 1 月第 1 版　2023 年 5 月第 3 次印刷
书　　号	ISBN 978-7-5143-2138-8
定　　价	76.00 元(上下册)

目　录

第一章　中外帝王之谜

第二章　中外名人之谜(上)

第一章　中外帝王之谜

秦始皇为何不立后

　　在我国古代的封建体制中，皇帝的政治生活中有两件大事，那就是立皇后和立太子。与之相对应的两种制度是立后制与储君制。古代帝王有多个夫人及众多妃子，所谓三宫六院、七十二嫔妃。皇帝的正妻为皇后，肩负母仪天下的神圣使命。古代封建帝王对立后都很重视。历史上只有一位皇帝终身未立皇后，他就是千古一帝秦始皇。

　　秦始皇姓嬴，名政，秦庄襄王之子，出生于赵国首都邯郸（今河北省邯郸市）。公元前247年，秦王政13岁时即王位，因年幼朝政由太后和相国吕不韦及嫪毐掌管。公元前238年（秦王政九年），秦始皇22岁时，在故都雍城举行了成人加冕仪式，正式登基，亲理朝政，除掉吕、嫪等人，重用李斯、尉缭，自公元前230年至前221年，先后灭韩、赵、魏、楚、燕、齐六国，完成了统一大业，建立起第一个以早期汉族为主体的强大秦汉多民族统一的封建大帝国秦朝。定都咸阳。秦王政自认为自己的功劳胜过此前的三皇五帝，将大臣议定的尊号改为皇帝。

秦兵马俑博物馆副研究员张敏说，秦始皇 13 岁即位到 22 岁亲政，中间有 9 年的太平天子时间，也正是古代男子要娶妻的时间。即位 3 年，他便有资格立后，但前后 9 年都未立后。22 岁到 39 岁的 17 年是其自己掌权、统一六国的时间，国事繁忙，在后方立后也不费事。从 39 岁到 50 岁时，秦始皇多在巡游路上，但是立后以"母仪天下"也花不了多少时间。"秦朝虽短，但秦始皇有充足的时间立皇后，不是他来不及立皇后，实际上是他自己不愿意，更非其母亲不操心，也非大臣不尽职。"秦始皇在有机会立皇后的时间内未立皇后有许多原因：

一、秦始皇特殊的出身

史载，秦始皇的母亲赵姬行为很不检点，先是做投机商人吕不韦的小妾，怀孕两个月（多数人认为怀的就是后来的秦始皇）后，又被吕不韦献给秦国的王孙子楚，子楚继位后称庄襄王，庄襄王死后，身为太后的她仍经常与吕不韦重温旧情。《史记·吕不韦列传》中记载：始皇帝益壮，太后淫不止。赵姬后来又与嫪毐私通，并生下了两个儿子，有一次，嫪毐酒后大骂臣众：我乃秦王假父，怎敢与我斗口乎？大臣将此事告诉了秦始皇，秦始皇恼羞成怒，下令杀了两个私生子弟弟，将嫪毐五马分尸，曝尸示众，将其母赶出咸阳，并迁怒于吕不韦，罢免其相国之职，后又下诏命吕不韦速徙蜀中，不得逗留！并且给吕不韦写信说道：你对秦国有何功劳？秦国封你在河南，食邑十万户。你对秦王有什么血缘关系？而号称仲父。你与家属都一概迁到蜀地去居住！吕不韦一想到自己已经逐渐被逼迫，害怕日后被杀，就喝下鸩酒自杀而死。

因母亲带来的心理上的阴影一直伴随着秦始皇，而且由对母亲的怨愤，发展和泛化成对一切女人的仇视，造成他后来在婚姻上的偏执。尽管他的后宫里充斥着六国佳丽，但他只是把她们当作发泄和仇视的对象，或者满足生理需要的工具。秦始皇对统一六国后收入后宫的众多佳丽非常鄙视，痛恨她们抛弃亡国之辱而媚悦新主的行径，但对守贞重节的女子却倍加赞赏。据说有一个年轻寡妇名清，她数年如一日遵守妇节，秦始皇曾赐令她旁座，与自己平起平坐，而秦时就连当朝丞相在皇帝面前也只能站着，少有赐座之事。秦始皇还为这名寡妇修筑了一座怀清台，以彰扬其事迹。至今蜀中有一山名贞女山，便是该寡妇曾经寡居的地方。

二、沉湎长生，无心后宫

秦始皇不立后的另一个重要的原因，是他沉湎于长生不老的迷梦之中，无暇顾及后宫之事。

秦始皇曾四次巡视六国故地，其中三次都会见了徐福等方士以求长生不老之药，还派徐福率领 3000 名童男童女赴东海神山求药。徐入海数年，哪里找得到仙药，又耗费巨大，他怕秦始皇发怒，于是谎称可得仙药，但是海上常有巨鲛出没，无法靠近，请派神箭手用连弩射杀巨鲛。秦始皇便令人捕杀巨鱼，还亲自到海边观测大鱼出没，甚至想自己入海尝试求仙。这种对长生不老梦想的浓厚兴趣和孜孜追求，也转移了他的注意力，在一定程度上也抑制了对其他事情的兴趣，结果之一便是导致立皇后这一大事却被置之脑后，终其一生也未立皇后，成为历史上惟一终身都没有立皇后的皇帝。

三、性格独断

秦始皇志在天下，担心立了皇后会对他有所掣肘。由于身世及受到周围环境的影响，养成了秦始皇从小刻薄、多疑的性格。一方面心气极高，他连年征战，横扫六国，抚定四方，建立起一个统一的大帝国；另一方面他可能担心立了皇后会对他有所掣肘，妨碍他实现远大的理想。

秦始皇为何不立后或许还有其他原因，有待于学界继续考证，给我们更多的解释。

秦始皇焚书坑儒之谜

秦始皇的焚书坑儒，是古今中外流传很广很久的一段非常残酷的历史，但绝大多数的史书只对焚书作了较详细的说明，对坑儒一事则往往笼统地说而且出现了歧义。在秦朝的历史上到底有过几次坑儒事件？秦始皇到底坑害了多少个儒生？"坑儒"的地点在哪里？至今仍众说纷纭，莫衷一是。

秦始皇统一六国之后，便采取一系列的措施，加强中央集权。首先，他确立了至高无上的皇权。他认为自己德高三皇，功过五帝，为显示自己的独到之处，便下令更改名号，把古代中的神和人最尊贵的三皇五帝的称号合而为一号称皇帝。从此，"皇帝"便成为封建国家的最高统治者的称号。他是第一代故为始皇帝，后世以二世、三世计，以期"传之无穷"。随后，他又在中央和地方设立了一系列相配套的职官制度及政治管理系统，并废藩置县，扩大军队，统一法律、文字、货币和度量衡，以加强对新兴封建中央集权国家的管理。

　　秦始皇统一六国以后，在完成政治上的诸多加强控制的举措之后，秦始皇便开始了精神上的控制。公元前213年，秦始皇在咸阳宫为群臣及众多的儒生大排酒宴。在宴会上，围绕着是否实行分封制，众多儒生之间发生了激烈的争论。丞相王绾、博士生淳于越等人主张实行分封，而丞相李斯等则赞同郡县制，并指责淳于越等"不师今而学古"，"道古以害今"。最后秦始皇支持李斯的观点，并采用、实施李斯的"焚书"建议，下令：除了秦纪（秦国史书）、医药、卜筮、农书以及国家博士所藏《诗》、《书》、百家语以外，凡列国史籍、私人所藏的儒家作品、诸子百家著作和其他典籍，统统按时交官焚毁。同时，禁止谈及《诗》、《书》和"以古非今"，违者定当严惩乃至判其死罪。百姓如想学一些法令，可拜官吏为师。传说从都城咸阳到边远的乡村，四处是焚书的烈焰，大批文化古籍在无情的烈火中化为灰烬，中国文化史上第一次灭绝性的大浩劫从天而降。焚书的恶果不仅使许多先秦重要典籍遭到破坏，同时也给春秋战国以来活跃的思想领域及理论探索者们以致命的打击，堵塞了秦代学术自由探讨之路，阻碍了先秦诸子百家思想文化融合的进程。

　　秦始皇称帝以后，迷恋仙道，不惜动用重金，先后派徐福、韩众、侯生、卢生等人寻求仙药，力求长生不老。侯生与卢生当初是秦始皇身边的方士，由于长期为秦始皇求仙人和仙药，却始终没有找到，而心急如焚，忐忑不安。依照秦国的法律，求不到仙药就会被处死。因此他们深发感慨：像这样靠凶狠残暴而建立威势并且贪婪权势的人，不值得给他求仙药。于是，侯生、卢生悄悄地远走他乡。

　　这件事激怒了秦始皇，他暴跳如雷，说道"我招揽了众多的文章博学之士和方术士，希望通过他们求得仙药并谋求天下太平。翰众、徐福等人，我给他们的待遇非常优厚，花费几达数万计，但却始终未得仙药。侯生、卢生等人，我对待他们也很优厚，但他们不仅没求得仙药，反而不辞而别，还恶意诽谤我。这岂能姑息！"，于是下令，对在咸阳的所有儒生进行审问，欲查出造谣惑众之人。儒生们为保全自己，只得互相告发秦始皇最后圈定了四百六十余人，都在咸阳挖坑活埋。长子扶苏进谏道："天下刚刚安定，远方的黎民百姓尚未完全归附，众儒生都学习孔子的学说。如今一概重刑处理，恐怕会引起天下的不安，希望皇上镇重考虑这件事。"然而，此时的秦始皇，根本听不进别人的意见，他一怒之下，竟把扶苏赶出京城咸阳，北去上郡临视蒙恬，驻守边疆。

　　秦始皇的"坑儒"是"焚书"的继续。至于坑杀的人究竟是方士还是儒生，学术界各持己见。从分析"坑儒"事件的起因看，秦始皇所坑杀的人应该是方士；但从长子扶苏的进谏"众儒生都学习孔子的学说"来看，秦始皇所坑杀的又好像是儒生。

　　而且东汉卫宏在《诏定古文官书序》中记载，秦始皇在骊山温谷挖坑用以种瓜，以冬季瓜熟的奇异现象为由，诱惑博士诸生集于骊山观看。当众儒生争论不休、各抒己见时，秦始皇趁机下令秘杀填土而埋之，七百多名儒生全部被活埋在山谷里。骊山温谷从此又叫坑儒谷，汉代又把这里叫愍儒生，于是有人便根据这一点而偏向于传统的说法，认为秦始皇确实有过"坑儒"的行为。

　　又据刘修明先生实地考察认为，坑儒谷当在今据临憧西南五里处的一个狭长幽深的山谷里，其地"温泉水脉纵横，瓜果能不按季节而生"。山谷两边都是高坡峻岭，只要投下黄土石块，守住谷口，进的人，别说是数百人，即便是数千人也同样逃不出来，但这一切都缺少明确的考古证据。因而确切的"坑儒"地点至今仍然是一个谜。

秦始皇死亡之谜

秦始皇于公元前 210 年 7 月，死于沙丘（今河北省广宗县境内），对于他的死因，史学界和医学界有几种说法，至今仍无定论。

一种观点认为秦始皇死于"惊恐劳累"和"外伤诱发结核性脑膜炎"。持这种观点的理由是：秦始皇小时候患过软骨病和气管炎，壮年时患上癫痫（俗称羊角风），且经常发作。公元前 218 年，秦始皇求仙药巡游来到阳武（今河南省原阳县境）的博浪沙附近，突然一声怪响，飞来一只大铁锤打在他身后一辆副车上，车被砸得粉碎。这是被人行刺所致。秦始皇惊恐症自此而起，以后便经常梦见与海中怪兽怪鱼作战，无以宁日。公元前 211 年，东郡（今河南濮阳）发现刻有"始皇帝死而地分"字样的陨石，秋天又发生使者被"仙人"截留，告之"今年祖龙死"的事件，就更加重了他的恐惧心理。在相卜者的指点下，他于公元前 210 年去作第五次巡游，一是为消灾避难，二是求不老之药。此次长途跋涉终使他累倒，在返回咸阳途中癫病发作，头部撞在座位侧边用来消暑的青铜冰鉴上，以致将冰鉴打翻，冰块四溅。于是，早年集聚于脑部的结核菌开始加剧活动，使之头痛、眩晕、发烧，而且消瘦得厉害和时常便秘、呕吐。由于当时受医疗技术的限制，此种外伤诱发的内在疾患，仍属绝症。加之长途劳累体制虚弱，更促成了病情的加重，故秦始皇死于沙丘，是多种因素促成的。

另一种观点认为他死于"暗杀"。代表这种观点者当属郭沫若。他认为秦始皇是被少子胡亥所害。其理由是：其一，秦始皇虽然病倒，头撞在青铜冰鉴后，"大脑与脑膜和前头骨发生了冲击，结核菌的威势乘着这外伤便突然地急进了起来"，但不一定马上会死，"大约在两三个礼拜内便要死的"。这期间，从沙丘完全可以走到咸阳，而不应倒下几天便丢命。这便是问题的关键。其二，当时秦始皇虽然发烧，但意识还比较清楚。他回想起当初疏远公子扶苏和功臣蒙恬，心中很过意不去。为了稳定秦王朝，他便避开与之同游的李斯和狂妄自大的胡亥，亲笔写下了木简遗诏与苏扶："朕巡天下，祷词名山诸神，以延寿命，不幸归途疾发。今命在旦夕，其以兵属蒙恬，与丧会咸阳而葬。"此诏却让赵高派人专送上郡。赵高便与李斯串通，主张立胡亥，暗中把诏书改为"赐死扶苏、蒙恬"和"以兵属稗将王离"。因为扶苏、蒙恬当权后，他们不会有好下场。可是，他们没有料到，在他们怕秦始皇再次清醒过来而未敢将诏书送出时，秦始皇在沙丘过了一夜便死去了。他们第二天早上打开温凉车，"看见始皇的右耳流着黑血，不知什么时候早已经硬得和石头一样了"。郭沫若认为，"这除了胡亥一人而外，连李斯、赵高都不知道"，"假如到了现代，解剖的小刀是可以发现出秦始皇的右耳里边有一条三寸长的铁钉的"，故胡亥为争夺皇位暗害了秦始皇。

究竟哪一种说法正确，目前还难以下结论，只是一代帝王，曾创下丰功伟绩，最后竟死的不明不白。

汉高祖在"白登之围"中脱身之谜

韩王信是战国时期韩襄王之庶孙，曾响应刘邦起义，因带兵攻打韩地有功，获封国于颍川一带，定都阳翟（今河南省禹州市）。公元前201年春，刘邦认为韩王信封地乃兵家必争的战略重地，担心韩王信日后会构成威胁，便以防御匈奴为名，将韩王信封地迁至太原郡，以晋阳（今山西省太原市）为都。韩王信以"国被边，匈奴数入，晋阳去塞远"为由，上书请求把都城迁至马邑（今山西省朔州市朔城区），得到刘邦批准。同年秋，匈奴冒顿单于攻马邑，刘邦怀疑韩王信暗通匈奴，致书责备韩王信，韩王信担心会被诛，便与匈奴约定共同攻汉，以马邑之地请降。随后韩王信与匈奴挥师南下，进入雁门关，攻下太原郡。

公元前200年冬，汉高祖刘邦亲率32万大军，出征匈奴，同时镇压韩信王叛乱。汉军进入太原郡后，连连取胜，特别是铜鞮（今山西省沁县一带）一战，大获全胜，使韩王信军队遭到重大伤亡，其部下将领王喜被汉军杀死，韩王信逃奔匈奴。韩王信的将领白土人曼丘臣、王黄等拥立战国时赵国后代赵利为王，聚集韩王信的残兵败将，准备再次与匈奴合谋攻汉。

韩王信投降匈奴后，使得匈奴对汉王朝的实情了解得更加清楚，因而率领大军南进，越过句注山，向太原郡进发，不几日，便抵达晋阳城下。汉高祖亲自率领大军追击，当时正赶上天上降大雪，天寒地冻，士卒冻掉手指的十有二三。这时候冒顿单于假装败走，来引诱汉兵。汉军果然中计追击。冒顿把老弱残兵暴露在外，而将精兵隐蔽起来，于是汉高祖带领 32 万汉军乘胜追击。他率前队兵马首先到达平城（今山西大同市东北），由于汉军大都是步兵，大队人马尚未赶到。正在这时，冒顿单于令 10 万精锐骑兵突然出击，把汉高祖重重包围在白登山（在平城东）。汉高祖被包围七天七夜，汉军内外不能互相接济军粮，士兵们七天未能吃上饭。而匈奴的骑兵士气高涨，西方皆骑白马，东方皆骑青马，北方皆骑黑马，南方皆骑红马。

此时正值隆冬季节，气候严寒，汉军士兵不习惯北方生活，冻伤很多人，其中冻掉手指头的就有十之二三。《汉书·匈奴传》记载："平城之下亦诚苦！七日不食，不能彀弩"。匈奴围困了七天七夜，也没有占领白登。

这时，陈平献给高祖一计。他让画家画了一名美女，连夜派人从小道将美女图送给了单于的后妃阏氏，并且告诉她："汉朝皇帝被困在这里，想把汉朝的这位美女献给单于。"阏氏害怕如此一来，自己便要失宠于单于，阏氏对冒顿单于说："两主不相困。今得汉地，而单于终非能居之也。且汉王亦有神，单于察之"。冒顿单于与王黄和赵利约定了会师的日期，但他们的军队没有按时前来，冒顿单于怀疑他们同汉军有勾结，就采纳了阏氏的建议，打开包围圈的一角，让汉军撤出。当天正值天气出现大雾，汉军"持满傅矢外乡""徐行出围"，才得以脱险。

更有一些人说，陈平用数百个傀儡做成美女登城的样子，阏氏看见之后，怀疑是汉军献给单于的，惟恐夺了自己的宠幸，因此才为汉军解了围。

汉武帝后宫巫蛊之谜

在中国古代史上，秦皇汉武被相提并论。汉武帝一生大有作为，他开疆拓土，击溃匈奴帝国、东并朝鲜、南诛百越、西愈葱岭，征服大宛，奠定了中华疆域版图。汉武帝独尊儒术，首开丝绸之路、首创年号，兴太学。他开拓汉朝最大版图，功业辉煌。汉武盛世是中国历史上的三大盛世之一。

在他在位时又上演了一幕幕巫蛊闹剧，致使皇后、太子、丞相和无数大臣都成为巫蛊的牺牲品，史称"巫蛊之乱"，它成为汉武帝一生洗不清的污点。

当时人对神怪诅咒之说深信不疑，汉武帝也不例外。有一天中午，他正躺在床上睡觉，忽然梦见几千个手持棍棒的木头人朝他打来，把他给吓醒了。他以为有人在诅咒他，立即派江充去追查。

丞相公孙贺之子公孙敬声擅自动用军费1900万钱，事败后被捕下狱。时值武帝下诏通缉阳陵大侠朱安世，公孙贺为赎儿子之罪，将朱安世捕获移送朝廷。孰料朱安世在狱中上书，声称公孙敬声与阳石公主私通，在驰道上埋藏木人以诅咒皇帝。武帝大怒，公孙贺父子死狱中，满门抄斩。阳石公主、诸邑公主，卫青之子卫伉相继被牵连入内，被杀。

江充率领胡人巫师到各处掘地寻找木头人，并逮捕了那些用巫术害人。江充一直搜查到卫皇后和太子刘据的住室，把事先准备好的木头人拿出来陷害太子。此时汉武帝在甘泉宫养病，不在长安。

　　刘据真的无计可施，在万般无奈的情况下采用了少傅石德的计策，派人佯称天子使者，收捕江充，一举把江充及其死党杀死。

　　江充被杀死后的当天夜里，太子派心腹假称天子使者，进入皇后居住的未央宫，告知皇后大祸临头，情况危急万分。刘据调用皇后御厩车马、射士，私自派人打开长乐宫中贮备武器的仓库，紧急调用长乐宫卫士，大肆搜捕江充党羽。京师长安乌烟瘴气，宫中血雨腥风，一时天下大乱。

　　太子刘据最终战败，带着残兵败将逃出京城长安。丞相刘屈耗率军占领京师后，把这次叛乱的主谋全部缉拿，众多的太子宾客和太子少傅石德以及太子家小全部被杀。皇后卫子夫感到脱不了干系，也自杀身亡。汉武帝愤怒异常，惟有壶关三老令狐茂敢上书汉武帝为太子申冤。

　　太子向东逃到湖县（今河南灵宝西），隐藏在泉鸠里。主人家境贫寒，经常织卖草鞋来奉养太子。太子有一位以前相识的人住在湖县，听说很富有，太子派人去叫他，于是消息泄露。八月辛亥（初八），地方官围捕太子。太子知道自己难以逃脱，便回到屋中自缢而死。主人与搜捕太子的人格斗而死，二位皇孙也一同遇害。久之，巫蛊事多不信。官吏和百姓以巫蛊害人罪相互告发的，经过调查发现多为有不实。汉武帝颇知太子惶恐无他意，高寝郎田千秋讼太子冤曰："子弄父兵，罪当笞，天子之子过误杀人，当何罪哉！臣尝梦见一白头翁教臣言。"于是汉武帝霍然醒悟，立即就任命田千秋为大鸿胪，并下令将江充满门抄斩，将苏文烧死在横桥之上。曾对太子兵刃相加的人也陆续被杀。汉武帝怜太子无辜，就派人在湖县修建了一座宫殿，叫作"思子宫"，又造了一座高台，叫作

"归来望思之台"，借以寄托他对太子刘据和那两个孙子的思念，天下闻而悲之。

汉武帝晚年杀戮太过，颇思悔悟。求神仙又不成，又因巫蛊之祸造成父子相残、太子刘据自杀，种种打击使武帝心灰意懒，对自己过去的所作所为颇有悔意。在登泰山、祀明堂之后，武帝下《轮台罪己诏》说"朕即位以来，所为狂悖，使天下愁苦，不可追悔。自今事有伤害百姓，靡费天下者，悉罢之！"以表示承认自己的错误。天下也因此又逐渐归于和谐，为昭宣中兴的盛世奠定了基础。

阿斗真的扶不起来吗

刘禅，蜀汉后主，字公嗣，小字阿斗。刘备的长子，母亲是昭烈皇后甘氏。三国时期蜀汉第二位皇帝。诸葛亮等贤臣相继去世后，蜀国逐渐衰败。后魏国大举伐蜀，刘禅投降。刘禅被俘虏到洛阳后，司马昭为了笼络人心，稳住对蜀汉地区的统治，用魏元帝的名义封他为安乐公，还把他的子孙和原来蜀汉的大臣五十多人封了侯。一般人们都认为刘禅是扶不起的阿斗。有一个典故，就充分说明了这一点，那就是——乐不思蜀。人们常把乐而忘返或乐而忘本，无故国故土之思，称为"乐不思蜀"。这个典故就产生于三国时的洛阳。当时魏军人川，蜀汉后主刘禅投降，被送到洛阳。司马昭封他为安乐公，赐住宅，月给用度，僮婢百人。刘禅为表感谢，特意登门致谢，司马昭于是设宴款待，并以歌舞助兴。当演奏到蜀地乐曲时，蜀汉的旧臣们油然涌起国破家亡的伤怀之情，个个泪流满面。而刘禅却嬉笑自若。司马昭见状，便问刘禅："你思念蜀吗？"刘禅答道："这个地方很快乐，我不思念蜀。"他的旧臣闻听此言，连忙找个机会悄悄对他说："陛下，等会儿若司马昭再问您，您就哭着回答："先人坟墓，远在蜀地，我没有一天不想念啊！"这样，司马昭就能让陛下回蜀了。"刘禅听后，牢记在心。酒至半酣，司马昭果然又发问，刘禅赶忙把他的旧臣教他的话学了一遍，只是欲哭无泪。司马昭听了，说："咦，这话怎么像是您的旧臣说的？"刘禅惊奇道："你说的一点儿不错呀！"司马昭及左右大臣全笑开了。过了几天，司马昭在接见刘禅的时候，问刘禅说："您还想念蜀地吗？"刘禅乐呵呵地回答说："这儿挺快活，我不想念蜀地了"（"此间乐，不思蜀"。"乐不思蜀"的成语就是这样来的）。一直陪伴刘禅的大臣邵正在旁边听了，都觉得太不像话。但司马昭认为自己看清了刘禅是个不求上进的人，不会对自己造成威胁，就没有想杀害他。刘禅也因此在人们的心目中成了庸主的典型，"扶不起的阿斗"成了对庸人的戏称。事实果真如此吗？

刘禅继承帝位时，年仅 17 岁。刘备临终前特意叮嘱："汝与丞相从事，事之如父。"于是乎，"政事无巨细，咸决于亮"，所有的事情刘禅都"按丞相说的办"。对于大权独揽的诸葛亮，刘禅也做到了凡事谦让，"以父事之"。

后来刘禅年纪渐长，按照汉代朝廷的常规，诸葛亮应当逐渐地将大权交还给刘禅，让刘禅顺利"转正"，彻底摆脱"见习"皇帝的命运。可是，诸葛亮仍紧握大权。诸葛亮的理由也很简单，因为刘禅没有工作经验，没有治国经验。这让人不禁要问，刘禅现在是没有经验，你不给他实践的机会，他哪儿来的经验，这样他不是永远没经验吗?

诸葛亮带兵出外征战,对已年满 22 岁的刘禅依旧不放心,特派心腹董允为侍郎,"监管"刘禅。在诸葛亮的《前出师表》中,诸葛亮对刘禅说话的口气和语感,简直犹如一个严峻的父亲在冷酷地调教不懂事、不听话的孩子。对于这些,刘禅一让再让,不想引起国内的政治混乱。

刘禅不仅有容人之量,而且头脑清楚,知人善用,有很强的分析能力,绝对不是弱智。刘禅专用诸葛亮来治国,就是他聪明的地方,虽然诸葛亮有穷兵黩武的问题,但是他治理蜀国的措施确实给蜀国带来了发展。所以即便在孔明死后,刘禅仍然继续沿用他的措施,甚至重用他所选拔的人。在北伐的问题上,刘禅的头脑也非常清楚,诸葛亮急于北伐的时候,他规劝说:"相父南征,远涉艰难,方始回都,坐未安席,今又欲北征,恐劳神思。"尽管诸葛亮置自己的规劝与不顾,但北伐决议一旦形成,刘禅还是全力支持诸葛亮的北伐。诸葛亮死后,刘禅马上停止了空耗国力、劳民伤财的北伐。司马懿率大军征伐辽东公孙渊。刘禅唯恐蒋琬犯诸葛亮老毛病,专门下诏告诫蒋琬不要轻举妄行,"须吴举动,东西犄角,以乘其衅。"魏延造反,却诬奏杨仪造反。刘禅听完魏延表奏,马上提出疑问,说:"魏延乃勇将,足可拒杨仪等众,何故烧绝栈道?"魏延被杀后,刘禅也没有对魏延一概否定,而是降旨曰:"既已名正其罪,仍念前功,赐棺椁葬之。"为了防止权臣权力太重问题,刘禅以费祎为尚书令和大将军,主管政务,以蒋琬为大司马,主管军事,两人的权力相互交叉,相互牵制,但又各有侧重。蒋琬死后,刘禅"乃自摄国事",大权独揽,彻底解决了蜀国多年"事无巨细，咸决于丞相"的政局。因此，从历史的真相来看，刘禅决不是个庸主。

阿斗治蜀41年，政局长期稳定，当然人们会说，这是因为有诸葛亮的辅佐，但孔明只辅政12年即去世，阿斗自己掌权30年，这30年里蜀国是平稳的，所用之人均属称职，所执行的政策也符合蜀国的实际，要真是个扶不起来的，能坚持这么长时间吗？同期的魏吴两国也有贤明的大臣辅佐呀！可其国之君，不是被废就是被杀，魏国虽最早立国，可也是最早丧权辱国的，几任魏帝之窝囊，令人不忍卒读，阿斗与之相比，怎能说是扶不起来呢？蜀国的各种矛盾也很多，比如君弱臣强（孔明树大根深而刘禅年幼即位），历来这种情况都是各朝代君臣矛盾的焦点，不是君借助于他人锄掉权臣，就是发生政变改朝换代，再比如大臣之间的争名夺利，皇帝一般会站在弱者一边，以抑制强者的势力，而和强者对立又蕴涵着极大的危险。这两种情况，阿斗都一齐碰到了。刘备托孤时，刘禅十六七岁，而诸葛亮则政治经验政治力量如日中天。刘备深感不安，他采取了明智的办法，把话说开了，以退为进。他说："君才十倍曹丕，必能安国，终定大事。若嗣子可辅，辅之；如其不才，君可自取。"这是聪明人的办法，丑话说在前面。敌对势力也看出来问题所在，也评论孔明的势力很大。《魏略》载魏明帝的露布（布告）说："亮外慕立孤之名，而内贪专擅之实。刘升之（刘禅又一个名字）兄弟守空城而已。"从政治经验到力量对比阿斗都处于非常不利的境地，但阿斗处理得很好，信任诸葛亮，放手让他去做，很有乃父忍屈求伸信如神的精明，人们常说刘备的忍耐功夫，大加赞颂，而阿斗的这点却没人注意，岂非咄咄怪事。《魏略》记载，阿斗对诸葛亮说"政由葛氏，祭由寡人"，政治军事大事他让孔明做主而他只管祭祀这样的仪式方面的活动，放手由孔明去做，而不是像有的皇帝小肚鸡肠本身没实力还不服气非要硬锄掉眼中钉不可，可见阿斗是有胸怀的。

那么"扶不起的阿斗"是否确有其事？还有待于考证。

武则天无字碑之谜

陕西乾陵素有考古界的"三峡工程"之称。在位于西安西北方向的梁山主峰下，埋着唐高宗李治和大周女皇帝武则天。一对夫妇，两朝皇帝，合葬一室，这在全世界也是极其稀罕的。中国历代帝陵中，乾陵是最特殊的一个。它凿山建穴，规模宏大，收藏丰富。且1000多年间，原封未动。而武则天名扬天下，妇孺皆知，更使这座陵墓备受国内外关注。

做为我国历代帝王陵园中惟一的夫妇两帝合葬墓，墓前立有两块高大雄浑的石碑，西面是"述圣记碑"，由武则天撰文、唐中宗书写，8000余字的碑文虽然主要是歌颂唐高宗的功绩，其实也是武则天在借机抬高自己。东面是武则天的"无字碑"，碑由一块巨大的整石雕成，碑头雕有8条互相缠绕的螭首，饰以天云龙纹。根据乾陵建筑对称布局的特点，"无字碑"与"述圣记碑"显然是在高宗去世时由武则天同时主持竖立的，那么，这块"无字碑"自然是武则天预先为自己准备的"功德碑"。令人奇怪的是，当初立这块碑时竟未刻一字。

人们纷纷猜测武则天立无字碑的原因，最主要的说法有三种。一说武则天认为自己功高德大，不是文字所能表达的。在武则天看来，自己虽是女人，但高宗平庸，自己的才能绝对优于高宗，而且她统治期间政治清明，社会安定，人民安居乐业，这应该算是她的一大政绩。可惜的是，当时有很多人认为武皇是抢了大唐江山，是叛臣逆贼，对于她的功劳视而不见。因而，武则天要把自己的功劳让后人去评述、去记载，于是就有了无字碑。二说武则天自知罪孽深重，立了碑文恐怕更招世人骂，还是不写为好。有的说法是，武则天建立大周朝之后，内心感觉愧疚不安，一心想在自己死后将江山归还李氏。但由于自己称帝的这段经历，使她对自己死后的境遇没有信心，更害怕世人责骂其篡位之罪，因而留下无字碑借以自赎。三说武则天想让后人去评说她的一生。这种说法与前一种说法恰恰相反。武则天对自己一生还是颇感自豪的。作为一个女流之辈，却能在政治斗争中脱颖而出，并到达了权力的巅峰。她要后人客观地评价她的文治武功，雄才大略，而与自己有利益冲突的儿子李显肯定不会对自己作出客观、公允的评价。鉴于此，武则天要将自己的一生的功过是非交与后人，就是要让后人对自己的一生作出评价。这三种说法似乎每一种都很有道理，至于哪一种说法是她的本意，现已无从考证。

值得一提的是，宋金以后，人们开始在无字碑上面添补题识，现在上面共有13段文字。令人惊异的是，这些文字中还有一种少数民族文字，而且长期以来一直没有人能识别。这种早已废绝的少数民族文字，被日本学者山路广明视为"20世纪之谜"。经考证，金太宗的弟弟于1134年在无字碑上刻了《大金皇帝都统经略郎君行记》（简称《郎君行记》），且在旁边配有汉字译文。这种失传了的文字并不是金文，但究竟是什么文字呢？明代金石学家赵山函在《石墨镌华》中说："（《郎君行记》）碑字不能辨，盖女真字……字刻乾陵无字碑上。"这种说法一直广为流传。直到上个世纪20年代，考古工作人员在内蒙古巴林右旗附近发现辽代帝后的墓志，才将这一谜团解开。原来这些文字和墓志上的字相同，是早期的契丹文字。契丹文字始创于公元920年，但随着国家的灭亡很快消亡，到了元代已几乎没有人认识，到了明代则彻底成为一种无人能识的"死文字"了。这一失传的文字作为一份极为珍贵的文字史料被保留下来，却是武则天的无字碑的一大贡献。

唐玄宗为何被奉为"梨园领袖"

人们习惯上称呼戏班、剧团为"梨园"，戏曲演员为"梨园弟子"。"梨园"是怎么和戏曲艺术联系在一起的呢？"梨园"在什么地方？其性质如何？这些都是值得研究的。唐玄宗前期，全国统一，经济繁荣，文化昌盛，许多亚非国家的使臣、学者、商人纷纷齐集长安。在中外文化交流的影响下，唐朝的音乐得到空前发展。唐玄宗本人素喜音乐，在公元741年原来隶属太平寺的倡优杂技人才划出来，设立左右教坊，又挑选好乐工数百人，在蔡苑的梨园进行专门训练。

有关这个艺术组织——"梨园"的建立，《旧唐书·玄宗本纪》载道："玄宗于听政之暇，教太常乐工子弟三百人，为丝竹之戏，号为皇帝弟子，又云梨园弟子。以置院近于禁苑之梨园。"《新唐书·礼乐志》则说："玄宗既知音律，又酷爱法曲。选坐部伎子弟三百，教于梨园。声有误者，帝必觉而正之，号'皇帝梨园弟子'。宫女数百，也为梨园弟子，居宜春北院。梨园法部，更置小部音声三十余人。"从此，"梨园"成了唐代一个重要的艺术活动中心。它究竟在什么地方呢？清人汪汲《事物原会》卷三十七"教坊梨园"条说："今西安府临潼县骊山绣岭下，即梨园地也。"关于梨园的出处，一般都认为它原是唐代长安的一个地名，但在具体地点上发生了分歧。有人指出在长安县西南香积寺附近今黄良乡立园村，此村最早叫梨园村或栗园村。还有人认为是在今西安城东南隅曲江池附近汉武帝所造宜苑旧址旁的春临村一带。第三种说法认为梨园在今西安城东北唐大明宫东侧附近三华里的午门村。第四种说法指出它在今西安临潼县骊山绣岭下。

另外还有人认为唐代长安有两个"梨园"。陈寅恪在《元白诗笺证稿》中说一个在光华门北面，一个在蓬莱宫的旁边。《辞海》也持有"梨园"说，指出唐代长安"梨园"有"禁苑梨园"，在长安城北芳林门外东北的禁园中；"乃唐代真正梨园所在"。"宫内梨园"，分男女二部，皆称"皇帝梨园弟子"。

对于梨园的性质的研究，《辞海》曰："唐玄宗时教练宫廷歌舞艺人的地方。"《中国大百科全书·戏曲曲艺》谓为"唐玄宗时，宫廷内专门训练乐工的机构"，"主要职责是训练器乐演奏人员"。李尤白提出："梨园"是既训练演员，又肩负演出的"皇家音乐、舞蹈、戏剧学院"，为我国第一所综合性艺术学院，李隆基则是其院长（崔公），在他之下有编辑和乐营将两套人马。前者的职责，类似现在的创作人员，后者相当于现在的导演和教师。

在"梨园"研究方面，算得上权威的是李尤白写的《梨园考论》，此书全面考证了与"梨园"有关的问题，而且还提出在西安建立"中国唐代梨园纪念馆"的建议。

南唐后主李煜生死之谜

七夕节很浪漫，天上牛郎会织女，凡间妇女乞巧艺。七夕节也很神奇，传说，南唐后主李煜这一天降临人世，42 年后，又在同一天驾鹤西游。李煜生于七夕，又死于七夕，这样的巧合，究竟是命运选择了李煜，还是李煜被世人戏弄？李煜是否生于七夕又死于七夕呢？

李煜是个性格懦弱的才子，江南的水太软，使他长成一身软骨头。虽是如此，但他却是千年难得一见的才子。李煜的父亲是词坛高手，李煜从小便生活在这么一个浓厚的文化环境中，对词也极为喜爱。李煜不仅善填词，而且善音律，并因此荒废政事。李煜又与一对姐妹有着千丝万缕的联系。皇后周娥皇是司徒周宗的女儿，通书史，且能歌善舞，尤其弹得一手好琵琶。当时早在盛唐时曾广为流传的《霓裳羽衣曲》早已被人淡忘，周娥皇找到了一份残谱。她根据自己的理解，重新创作，通过努力，最终恢复了《霓裳羽衣曲》的原貌，开元、天宝之音得以重回人间。周娥皇自己另外还创作了两支曲子，一为《邀醉舞破》，一为《恨来迟破》。李煜和她二人常常会随歌而舞。周娥皇不但擅长音律，于采戏、弈棋也无所不精。对于这样一位多才多艺的知己，李煜是宠爱不已，朝朝暮暮与她一起，整日沉浸在轻歌曼舞中。周娥皇死后，李煜还常常会情不自禁地思念她。周娥皇有个妹妹，史称小周后，长得风姿绰约，风情万种。

小周后的音律才能虽比不上姐姐周娥皇，但却是弈棋的高手，酷爱围棋与象棋，因此而备受李煜的宠爱，二人常常布局厮杀，以此消遣时光。一天，李煜与小周后正在对弈，且杀得难解难分。为了不受任何干扰。李煜下令卫士守住宫门，对前来奏事的大臣一律不予接待。一位大臣向李煜奏报国家收支的状况已入不敷出，国库空虚，一位大臣奏报宋朝正在调兵遣将，随时来犯，提醒李煜应早做准备，但是都被卫士挡在了宫外。

开宝八年，宋军攻破金陵，李煜率几位大臣肉袒出降。开宝九年正月，李煜到达汴京，宋太祖封他为"违命侯"。后宋太宗即位，封陇西郡公。太平兴国三年（公元978年）七月初七，李煜被宋太宗赐服牵机药而死，时年42岁。但在后来的一些人看来，李煜并非死于七月初七。

宋徽宗崇宁四年（1105），宜兴人马令集旧史遗文、遗老传说见闻及诗话小说著《南唐书》，对李煜之死作了记载："太平兴国三年，公病。命翰林医官视疾，中使慰谕者数四。翌日，薨。在位十有五年，年四十二。"马令与王铚的不同之处，一是明确了李煜死亡的年份；二是具体记载了李煜的享年；三是因病死亡而非毒杀；四是皇帝对李煜挺关心，多次进行了慰问；五是没有提及七夕。马令不取李煜七夕死亡，可能没有听说，可能没看到，也可能在隐瞒历史真相。

　　嘉泰三年（1203），南宋爱国诗人陆游退休前，也编成了一本《南唐书》，其观点在前人的基础上，有了一个令人啼笑皆非的创新。其中记载：李煜"太平兴国三年六月辛卯殂，年四十二。是日，七夕也，后主盖以是日生。"陆游的记载让人们第一次知道了李煜不仅死于七夕，而且他的生日也是七夕。可笑的是，文中明明写的是"太平兴国三年六月"，硬说这一天是七夕节，这究竟是陆游笔下误还是假装不知七夕是七月七呢？

　　不管怎么说，以上三种李煜生死日期的说法相对《宋史》中"三年七月，卒，年四十二"几个字，算是细致的了。李煜七夕之死，王铚没有说清，马令没有提到，陆游虽然说得清楚，但硬说七夕在六月，犯了一个常识性的错误。李煜生于七夕，王铚、马令皆不言，惟有陆游独家发布，不知其资料从何而得。如此看，李煜七夕生死巧合的证据众口不一，存有疑团。

　　据宋代魏泰《东轩笔录》记载，李煜死后，宋太宗诏侍臣撰吴王神道碑，当时有与徐铉争名者想中伤之，面奏曰："知吴王事迹，莫若徐铉为详。"太宗没明白是怎么回事，遂诏铉撰碑，徐铉遽请对而泣曰："臣旧侍李煜，陛下容臣存故主之义，乃敢奉诏。"太宗这才明白让者之意，许之。徐铉奉旨撰写《大宋右千牛卫上将军追封吴王陇西公墓志铭并序》后，太宗很满意。《墓志铭》中记载：李煜于"太平兴国三年秋七月八日，遘疾薨于京师里第，享年四十有二。"很显然，这里所说的七月八日，比传说中的七夕节迟到了一天，可见，李煜的忌日不可能是七夕。李煜是不是七夕生的，徐铉只字不提。

　　作为与李煜同命相怜的亡国之君，钱俶曾写《南唐后主陇西郡公李煜墓志铭》，令人兴奋的是，这个墓志铭中不但提到了李煜的死亡日期，还准确地提到了生日，这会不会就是人们所期待的七夕呢？

令人遗憾的是，钱俶提到李煜死亡日期与徐铉的说法，只有月相同，年日皆不同。《墓志铭》记载："太平兴国五年戊寅七月十三日，陇西郡公李公卒于官。"七月十三日，显然不是所说的七夕节。《墓志铭》中又有"距其生则昇元丁酉九月初九日，享年四十有二"的说法，也全面否定了李煜生于七夕的观点。

徐铉和钱俶都是李煜在世时的见证人，他们两位的观点可信度最大。如果依靠可信度推测，李煜的生日应该九月九日，而死亡应该是七月八日。看来，李煜七夕生死的巧合并非命运的安排，人为的因素是主要的。宋代李焘《续资治通鉴长编》是淳熙十年（1183）成书的一部编年体史书，其中记载"陇西郡公李煜薨，辍朝三日，赠太师，追封吴王"而不提李煜生死七夕之事，显然对他人史料的准确性底气不足。

一系列说法都说明李煜并非死于七夕，为何后人非让李煜生死在七夕呢？想来这一定与小周后有关，七月七本是男女相会的日子，李煜与小周后的悲欢离合之情，引起后世许多读者的共鸣。李煜是个天生的情种，李煜如果死在七夕，就有了浪漫色彩，如果是过生日时死的，则更显神奇。"烛影斧声"夺取政权后，宋太宗就已声名狼藉。他夺人之国、玩人之妻已遭到后人愤慨，有学者认为，之所以把李煜生死巧合地定在七夕，可能是为丑化赵光义。

"烛光斧影"与宋太祖之死

赵匡胤于公元 960 年发动陈桥兵变,黄袍加身,做了 17 年皇帝,到公元 976 年便撒手归西了,正史中没有他死亡的明确记载,《宋史·太祖本纪》中的有关记载也只有简单的两句话:"帝崩于万岁殿,年五十。""受命杜太后,传位太宗。"因此他的死一直是一个不解之谜,为历史留下了又一谜团。司马光的《湘山野录》中有记载,开宝九年十月,宋太祖赵匡胤急唤他的弟弟晋王赵光义进入寝宫,宋太祖斥退旁人,只留下他们两人自酌自饮。酒过三巡,已是夜深了,太祖见殿前雪厚几寸,便用玉斧刺雪,还不时对他弟弟说:"太容易了,真是太容易了。"当夜赵光义依照没走,留宿于禁宫。第二天天快亮时,禁宫里传出宋太祖赵匡胤已经死了的消息。于是赵光义按遗诏,于灵柩前即皇帝位。

历史上所谓"烛光斧影"的疑案就指此事。有人认为"烛光斧影"也许不是疑案,只是晋王赵光义戕兄夺位的借口。宋太祖安排后事是宋朝的国家大事,不可能只召其弟单独入宫,并且赵光义又在喝酒时退避。用玉斧刺雪,这正是赵匡胤与赵光义进行过争斗的状态——晋王——狠心杀死宋太祖。

不过,关于光义弑兄的原因,史书上另有一种说法。《烬余录》称,赵光义很喜爱已归降的后蜀主孟昶的妃子花蕊夫人费氏。孟昶死后,花蕊夫人被宋太祖赵匡胤纳为自己的妃子,而且特别宠爱。赵匡胤因病卧床,深更半夜时赵光义胆大妄为,以为宋太祖已熟睡，便趁机调戏花蕊夫人，可没想到太祖惊醒，要用玉斧砍他，等到皇后、太子赶到之时，赵匡胤已经只剩一口气了。赵光义趁机逃回自己的王府，第二天太祖赵匡胤就升天了。由此可知，赵光义趁夜黑无人，赵匡胤昏睡不醒的时候调戏他觊觎已久的花蕊夫人，谁知赵匡胤突然醒来发觉了，也许是他盛怒之下欲砍赵光义，可是因为病体虚弱，体力不足，未砍中赵光义。赵光义觉得自己只有死路一条，不管用何种方式都不能取得其兄的原谅与宽恕了，预料到自己将会死得很惨，于是一狠心便杀死了自己的同胞兄弟，然后慌忙逃回府中。宋太祖赵匡胤是病怒交加而死，还是他弟弟杀死的呢，谁也不知其详。不过十分清楚的是，赵匡胤之死与其弟赵光义当夜在皇宫内院的行为有一定的关系。

对于这个疑案，也有一些人为赵光义开脱罪责，司马光的《涑水纪闻》记道："太祖初晏驾，时已四鼓，孝章宋后使内侍都知王继隆召秦王德芳，继隆以太祖传位晋王之志素定，乃不召德芳，径趋开封府召晋王。见医官贾德玄坐于府门……乃告以故，叩门与之俱入见王，且召之。王大惊，犹豫不敢行，曰：'吾当与家人议之。'入久不出。继隆促之曰：'事久，将为他人有。'遂与王雪下步行至宫门，呼而入……俱进至寝殿。宋后闻继隆至，曰：'德芳来耶？'继隆曰：'晋王至矣。'后见王愕然，遽呼官家曰：'吾母子之命，皆托于官家。'王泣曰：'共保富贵，无忧也。'"从这一记载来看，宋太祖赵匡胤过世时，他弟弟赵光义并不知晓，也没在宫中呆过，似乎可以洗去"烛影斧声"的嫌疑了。

但是，自从赵光义继帝位后，赵匡胤的长子德昭于公元979年被迫自杀，次子德芳又于公元981年无故而死来看，宋太宗赵光义还是摆脱不了"烛光斧影"、"戕兄夺位"的嫌疑。

建文帝的结局之谜

明太祖朱元璋死后，燕王朱棣于建文元年以"清君侧之恶"的名义举兵反抗朝廷，至建文四年朱棣由燕王荣登皇位而结束，历时4年。就在朱棣攻入南京时，皇宫已是一片大火，建文帝下落不明。此后，有关文帝已经出逃的传闻颇多，明成祖对此总是不放心，这件事也几乎成为他的一块心病。更有传闻说郑和七下西洋有一部分原因是去寻找下落不明的建文帝。数百年来，建文帝的下落也是一桩争讼不决的历史悬案。

一种说法认为建文帝是自焚而死的。据永乐年间修撰的《明太祖实录》中记载，燕王朱棣发动"靖难之役"，经过四年的征战，燕王获得全胜，建文四年，燕王统领大军开进南京金川门。当燕王军队进入皇宫时，宫中已是一片火海，建文帝也没了踪影。与此同时，建文帝所使用的宝玺也毫无踪影。正史记载建文帝死于宫中的大火中。《太宗实录》卷九记载："上（即明成祖朱棣）望见宫中烟起，急遣中使往救，至已不及。中使出其尸于火中，还白上，上哭曰：'果然，若是痴耶！吾来为扶翼不为善，不意不谅而遽至此乎'……壬申，备礼葬建文君，遣官致祭，辍朝三日。"

也有人认为建文帝并没有自焚，而是削发为僧了。持这种观点的主要有清代名人吕安世和清末民初的蔡东藩，有资料记载，燕王朱棣带领大军攻入皇城后，建文帝无可奈何，本想自杀，但少临王钺劝导他说：你祖父临死前曾给你留下一个铁箱子，让我在危难时刻转交给你，那铁箱一直被我秘密收藏于奉先殿内。待群臣取来铁箱，打开一看，只见里面有三张度牒（即僧人凭证），上面分别写着建文帝的名号和其他两位大臣的名字，还有三件僧衣、一把剃刀、十锭金子和一封遗书。遗书上写道．建文帝从鬼门出，其他人走水关御沟，在神乐观西房会集。建文帝见祖父已经替自己安排好一切，便剃了头发，换上僧衣，来到鬼门。鬼门就是太平门内城的小矮门，非常隐蔽，只能容纳一人出入，外通河道。建文帝躬身出了鬼门，只见河道上停放着一艘小船，小船上除了一名僧人，别无他人。僧人忙招呼建文帝上船，并口称万岁。建文帝问起缘由，僧人回答说："本人是神乐观的主持王升，昨夜梦见你祖父，他让我来此等候，接你入观为僧。"由此，建文帝继承朱元璋的祖业，出家当了和尚。

还有一种说法是建文帝逃出皇宫后，没有出家，而是隐逸在民间过着普通人的生活。《明史·姚广孝传》记载：朱棣当上皇帝后，对建文帝自焚而死，产生过极大的怀疑。为了寻求答案，他还将建文帝的一些亲信抓进监狱，逼着他们供出建文帝的下落。只要没有见到建文帝的尸首，朱棣怎么都不敢放心，他时刻感到建文帝的存在对自己的皇位就是一种威胁，因此他多次派遣心腹大臣，四处寻访。他曾向天下寺院颁布《僧道度牒疏》，将所有僧人重新登记造册，目的就是搜查建文帝的下落。后来明成祖朱棣又派遣户部给事中胡淡遍查郡、乡、邑，全国那么多地方，据说胡淡一共查了16年，仍无下落。民间传说建文帝离开皇宫后在许多地方留下了踪迹。有说他逃到了云贵地区，曾在人陪同下登上峨眉山，写了一首诗，其中有两句为"登高不待东翘首，但见云从故国飞"，流露出深深的故国之思，如今云南大理还有人以建文帝为鼻祖，有说他逃出皇宫，浪迹天涯，到老回到了皇宫，宫中人称之为"老佛"，寿终正寝。

但以上这些说法都没有真凭实据，所以，建文帝真正的结局，还需学界进一步努力，继续探索这个未接的谜团。

崇祯帝究竟如何死去

天启七年（公元 1627 年）八月，熹宗病危，召信王入宫受遗命。不久熹宗撒手归天，年仅 17 岁的信王朱由检即位，大赦天下，次年改为崇祯元年（公元 1628 年）。但熹宗留给他的是一个内忧外患，时刻面临易主的大明江山。崇祯皇帝年轻气盛，很想凭自己的一腔热血力挽狂澜，改变风雨飘摇的局面，重建太平天下。他即位后铲除阉党魏忠贤、一心想要中兴，可惜上天没有给他这个机会，最终李自成的农民起义军冲破了京城，明朝覆灭了，他自己也落了个自缢的下场。崇祯帝朱由检生性懦弱、无主见，而且他继位时的明朝已是政治腐败。崇祯皇帝也回天乏术，大臣们个个明哲保身，少有为社稷着想者。而且崇祯为人极易猜疑，大臣们更是小心翼翼、很少发言。就是到了起义军进逼京城的时候，也没有主动站出来为崇祯分忧的大臣。

当李自成的起义军猛烈进逼，崇祯帝惊慌得完全失了主见，处处寄希望于大臣们，希望他们能提供妙计良策，甚至替他决断，但是事已成定局，大臣们又能有什么办法呢？

崇祯十七年（公元 1644 年）三月，每天崇祯帝都要召见大臣，有时候竟达到一日三次。起初大家都认认真真地替崇祯帝谋划，提出"南迁"、"撤关"等，可崇祯帝总是拿不定主意，大臣们也渐渐没招了。召见中，大臣总是惶恐地说："为臣有罪，为臣有罪！"然后就不再说话，实在被问急了，只是用些"练兵"、"加饷"等话来应付崇祯帝。每次召见，崇祯帝都非常不满，常常是中途拂袖离去，回宫后痛哭并且大骂："朝中无人！朝中无人！"

大明灭亡的前三天上午，崇祯帝来到东左掖门，召见了新考选官 32 人，问他们以急策。崇祯帝本想能从新臣中寻找到良策，可一见答卷，也全是些套话。召见未及一半，忽然有一太监送进一个密封，崇祯帝拆视后脸色突然大变，原来这是昌平（今北京市昌平区）失守的战报。李自成军已经攻到昌平。但是惊慌的崇祯帝仍无法从众大臣那里得到一计良策。

次日早晨，崇祯帝再次召见文武诸臣，半晌大家都沉默不语。崇祯帝流着泪恳请大臣们想办法，大臣们也是泪流满面地回应。忽然有位大臣大梦初醒一般，凑向前欲奏对，崇祯帝一见，马上将泪水收住，准备细听，只听这位大臣说："当务之急为考选科道。"原以为是什么良策，不想又是老套话。可这位大臣一开头，许多大臣也跟着说这人当起，那人该用。崇祯帝早就不耐烦了，俯首在御案上写了七个大字："文武官个个可杀。"起身示意退朝。

大臣们还是一副唯唯诺诺、支支吾吾的样子，出的计策无非是什么巡街闭门、不许出入等。这时候守城者来报，守城军队不敌。见城陷就在眼前的崇祯帝，不禁大哭，边哭边道："诸臣误朕至此！"自己拿不定主意，却要埋怨大臣。大臣们见形势"不可为"，便俯首同崇祯帝一起恸哭，哭声响彻大殿，甚为悲惨。到了中午，崇祯又召见大臣，此时大臣们已彻底看透了这位年轻且毫无主见的皇帝，干脆以沉默来回答崇祯帝，崇祯帝不禁大吼道："既然这样！不如大家一起在奉先殿统统自尽吧！"此话倒是说中了，19日晨，崇祯帝在走投无路中自尽身亡。

关于崇祯的死，历来众说纷纭，计六奇《明孝北略》卷二十记载道："丁未五鼓，上御前殿，与二人手自鸣钟集百官，无一至者。遂散遣内员，手携王承恩，入内苑，人皆莫知，上登万岁山之寿皇亭，即煤山之红阁也。亭新成，先帝为阅内操特建者……遂自尽于亭下海棠树下，太监王承恩对面缢死。"又有《明史》卷三百九《流贼传》说："十九日丁未，天未明，皇城不守，鸣钟集百官，无至者。乃复登煤山，书衣襟为遗诏，以帛自缢于山亭，帝遂崩。"而《明之述略》中却说："丁未，内城陷，帝崩于西山。"可见，对崇祯究竟怎么死的，这个谜还没有解开。

顺治帝出家之谜

在中国历史上有位为爱放弃皇位出家的皇帝，他就是清朝的顺治皇帝。

在清朝第二位皇帝顺治短短的一生中，他一共娶了19个妻妾，差不多是每年一个，但是正如一句话"任弱水三千，我只取一瓢。"他最爱的只有董鄂妃一人。

　　在顺治眼里，董鄂妃就是知心人。虽然两人不曾有过任何山盟海誓，但是，那种难舍难分的感情的确能感天地、泣鬼神。顺治十七年八月十七日，皇贵妃董鄂氏因病去世，顺治痛不欲生。为哀悼董鄂妃，他5天不理朝政。没过多久，他又亲自给礼部下了一道圣旨，特意采用追封的方法，给董鄂妃加封谥号，孝献庄和至德宣仁温惠端敬皇后。至于追加皇后应举行怎样的大礼，他命礼部要认真、详细、迅速商讨并递交他审议。

　　董鄂妃死后，顺治的心也随之而去，无心朝政。正如元稹所写的那样："维将竟夜长开眼，报答平生未展眉。"他不仅辍朝5日，而且将她晋封为皇后。在蔡东藩的《清史演义》里写道："顺治帝经此惨事，亦看破世情，遂于次年正月，脱离尘世，只留皇诏一张，传出宫中。"顺治帝的离家出走，令清宫上下惊慌失措。他们为了不引起世人的非议，只得向外宣布：顺治皇帝驾崩。但是，这种谎言也瞒不了多久。很快，堂堂的大清皇帝为了一个女人而削发为僧的事就在民间广为流传了。

　　在《清稗类钞》、《清代野史大观》等书中均有关于顺治帝因董鄂妃去世而削发出家的故事。顺治一向好佛，宫中奉有木降、玉琳二禅师，印章有"尘隐道人"、"痴道人"等称号。他对木降曾说："愿老和尚勿以天子视朕，当如门弟子旋庵相待。"他早有削发为僧的念头。临宣布他去世前几天，他还叫最宠信的内监吴良辅去悯忠寺削发为僧，因此一些人认为顺治出家之因是与孝惠皇后不合，所以宠爱的董鄂妃一死，他就以此为借口皈依了净土。据说清圣祖康熙亲政后，曾经以进香为借口，多次到五台山看望顺治，希望顺治能回到宫中，但是顺治不为所动。康熙帝有诗哀悼："又到清凉境，岩卷复又垂。芳心愧自省，瘦骨久鸣悲。膏语随芳节，寒霜惜大时。文殊色相在，惟愿鬼神知。"语气十分悲恸。

但民国时，明清史专家孟森的《世祖出家事考实》举出《东华录》等史书的记载，认为清世祖死于痘疹，没有出家。所以，顺治出家与否，仍然是一个谜。

乾隆为何六下江南

有史料记载乾隆南巡的主要目的并非为百姓，实为游山玩水。乾隆在清朝的统治史上，也是一个很有影响的封建皇帝。他登上皇位后，雄心勃勃，颇欲有所作为，也自有其功业。特别是在加强与巩固统一多民族国家的过程中，他继康熙、雍正之后，进一步平定了各边疆地区民族上层分子的分裂叛乱，有效地在西藏、青海、新疆等地设立行政管辖机构，进一步巩固和完成了多民族国家的统一。同时，在他统治前期，社会经济、文化也有进一步发展，因与康熙并峙，史称"康乾盛世"。

但乾隆毕竟是在康熙、雍正两朝奠定了坚实的政治、经济基础上登基的。清初经过顺、康、雍近百年的休养生息，出现了政治统一、经济繁荣、统治稳固的局面，历史环境已与康熙时期有很大不同。随着封建王朝的强盛，统治阶级的奢靡之风急遽发展，乾隆尤其如此。他凭借先辈提供的有利条件，好大喜功，常从形式上效法先祖。他看到其祖父康熙六下江南，"盛典昭垂，衢谣在耳"，因于乾隆十六年（1751）起，中经二十二年、二十七年、三十年、四十五年，至四十九年（1784），也前后六次到江南巡视。

对于南巡，乾隆自视颇高，自言"予临御五十年，凡举两大事，一曰西师，一曰南巡"，并强调："南巡之事，莫大于河工"，可见他在南巡中，也比较注意兴修水利，治理水患，特别是对于自康熙年间开始兴建的海塘工程，给予了较多的关注。与之同时，乾隆还注意整顿吏治，如二十七年其巡行至山东时，见山东巡抚沈廷芳"精力衰颓，已有老病之态，询以地方政务，亦惟随人唯喏，随令其休致"。此外，乾隆于南巡期间，又多次颁布蠲免赋税、赦免人犯、截漕平粜、增广学额等谕旨，这些都在一定程度上，起到了发展生产、维系人心，加强统治的作用。然而，综观乾隆六次南巡的积极效果，却并不显著。

作为封建帝国鼎盛时代的"太平之君"，乾隆长于安乐，习于骄奢，游山水成性，嗜园林成癖，又纵恣声色，铺张无度，晚年益甚。他六次南巡，虽然也多少注意了兴修水利，察访吏治民情，但透过某些表面现象，可以看到，他南巡的主要目的，还是为了游山玩水，正如他自己所说："江南名胜甲天下"，正可借南巡之机，"眺览山川之佳秀，民物之丰美"。因此，他与康熙南巡"非为游观"不同，每于南巡前一年，就进行周密准备，指定亲王一人任总理行营事务大臣，负责勘察路线，修桥铺路，葺治名胜，兴建行宫等事宜。南巡中，除皇太后、皇后、嫔妃外，另有扈从官兵，上至王公大臣，下至章京侍卫，多达两千五百余人，兴师动众，前呼后拥，浩浩荡荡。行进中，陆路用马五六千匹，大车四百余辆，征调夫役不计其数，水路则用船一千多只，首尾衔接，旌旗招展，声势显赫。沿途还兴建行宫30多处，供停留歇息。因乾隆讲究排场玩

乐，地方官吏自然争相逢迎，献媚争宠，惟恐或后。每到一地，
"圣驾入境前一日"，地方官员便专程出境迎接，并准备大量美食佳
肴，"以便取用"，甚至差遣猎户，捕捉麻雀、野兔等禽畜，以供乾
隆随身所带鹰犬食用。尽管乾隆于每次巡行之前，都照例申饬一
番，要求地方官吏，"各敦本业，力屏浮华"，"时时思物力之维
艰，事事惟奢靡之是戒"，但不过是沽名钓誉的官样文章。实际上
乾隆对地方官的逢迎，不仅默许，甚至奖励。如三十年，乾隆奉皇
太后南巡，"地方大吏以慈驾临驻旆庐，究不若屋宇之安善"，纷纷
葺建行官，加意修饰。乾隆不仅不予劝止，反从公项内拨出巨款，
凡有行宫之处，各"赏银二万两充用"。素以豪华著称的两淮盐商，
每在乾隆南巡时，都献纳巨款，供其挥霍，乾隆不仅不予推辞，还
称赞他们"踊跃急公，捐输报效"，甚至特意加恩赏赐。靡费之风
一开，各地群起效尤，对社会风气造成极坏影响。乾隆直到临死之
前才意识到："六次南巡，劳民伤财，作无益害有益。"劝戒后世之
主，不要再像他那样南巡了。

凯撒的死亡之谜

在《哈姆雷特》一剧中，莎士比亚曾借哈姆雷特之口说"弱
者，你的名字叫女人"。而在《裘力斯·恺撒》中，与此话形成鲜
明对比的却是他对布鲁图的高度赞扬——"这才是一个真正的男
人"。布鲁图何许人也？传说中是恺撒大帝与其情人塞尔维娅的
私生子，也是后来阴谋刺杀恺撒的主要策划者之一。

　　罗马历史上已有尼禄弑母夺权的事迹，那么布鲁图杀父又是为什么呢？他真的亲自参与了刺杀行动吗？

　　公元前44年3月15日，在庞培议事厅，当每个谋杀者都向恺撒身上捅刀时，布鲁图也刺了一刀，恺撒对别的刺杀者拼命进行反击，并一面喊叫一面挣扎，然而当他看到布鲁图手里的匕首时，竟然默默地用外袍蒙上了头，心甘情愿地挨刺。另有一些人写道："当布鲁图向恺撒行刺时，恺撒用希腊语说道：'是你！我善良的孩子？为什么？'看来，恺撒在将死之时，仍认为布鲁图就是自己的孩子。"

　　普鲁塔克在给恺撒和布鲁图作传时，是以这些为基调的："恺撒不但深爱塞尔维利娅而且也爱布鲁图，虽然他不过是私生子。"在普鲁塔克看来，恺撒如此仁慈地对待布鲁图，正是源于这种爱。

　　但当恺撒和庞培为争夺最高权力而开始内战时，人们没有料到的是，布鲁图没加入恺撒一方，而是站到处死自己的父亲的庞培一边。尽管如此，恺撒仍爱着布鲁图。他告诉下属，不许在战争中令布鲁图死亡。如果布鲁图投降，就俘虏他，如果他誓死不当俘虏，就随他便，总之千万不可伤害他。

　　恺撒对布鲁图可谓仁至义尽。普鲁塔克说，假如布鲁图愿意，他甚至可以成为恺撒最亲密的朋友。那么布鲁图到底为何要一向反叛恺撒，甚至一定要杀死他呢？从根本上说，布鲁图与卡西约一伙作为共和派，他们极端仇视君主专制制度。面对有称王企图的恺撒，布鲁图表示了坚决的立场："为国家自由而死，是我们刻不容缓的职责！"

　　种种迹象表明，大义凛然的布鲁图对恺撒大帝可谓是恨之入

骨，积怨不浅。在他心中，恺撒即是暴君的代表，而除暴安良是他
作为"真正男人"所必定要做的。刺杀恺撒天经地义。但以上只是
作者普鲁塔克的一些主观倾向而已。究竟恺撒大帝身死谁人之手，
还有待做进一步的考证。

法老王图坦卡蒙死亡之谜

在古埃及法老王图坦卡蒙的陵墓上镌刻着这样一行墓志铭：
"谁要是干扰了法老的安宁，死亡就会降临到他的头上。"数十年
来，经过各类电影和小说的大肆渲染，"法老咒语"越传越邪乎，
不仅令盗墓者望而却步，也令众多考古学家和观光客忧心忡忡。近
日，埃及考古学家们不惧咒语的威胁，用高科技设备对法老的身体
进行了全面检查，从而揭开了3300多年前的这位古埃及法老的死
亡之谜。

图坦卡蒙是第18位埃及法老王，公元前1336至1327年统治埃
及。图坦卡蒙并不是在古埃及历史上功绩最为卓著的法老，但却是
在今天最为闻名的埃及法老王。自从1922年，图坦卡蒙法老的墓
穴被英国考古学家霍华德·卡特和卡尔纳冯伯爵发现后，墓穴内让
人眼花缭乱的陪葬品、举世闻名的金面具以及那让人觉得有些毛骨
悚然的法老的诅咒，无一不引起了世人的极大兴趣。然而人们最为
关注的还是这位年轻法老本身。19岁的图坦卡蒙突然神秘而死，死
亡年龄过早、下葬匆忙、脑后部受伤……人们相信他英年早逝的背
后，一定隐藏着什么天大的秘密。

　　这位年轻国王的意外死亡之谜，引发了阵阵疑云，据流传下来的零散的史料记载，图坦卡蒙的父亲阿肯纳顿是古埃及王朝有名的"异教徒"国王，竭力推行"改革"，让古埃及从多神信仰转为一神信仰。他的作法在当时备受争议和嫉恨，其子图坦卡蒙很可能因此惹上麻烦。从图坦卡蒙墓穴内的情形来看，他的死亡是很突然的———墓穴又窄又小，好像还没有修好就匆匆下葬的样子。乍看上去好像不是为王族准备的，而且装饰也很潦草，墓穴四壁的壁画上泼溅了许多颜料，也没有人去擦拭干净。而一些让世人瞩目的陪葬古董其实并不是他自己的日常用品，因为考古发现，这些古董上本刻着别人的名字，图坦卡蒙的名字是在把原有名字擦去后临时加上去的。而制作木乃伊的过程也不是像其他法老一样慢慢用防腐香料浸体，而是将成桶的防腐香料倒在木乃伊上。

　　1968 年，英国利物浦大学的研究人员在获准给木乃伊进行 X 光透视后，发现在死者的脑腔中有一块曾移位的骨头，而在后脑勺处有一片颇似血凝块的阴影。研究小组的哈里森博士称："这团阴影边缘并无异常，但事实上可能是由该部位的一次脑膜内出血造成的。而这次内出血大概是后脑遭到重击的结果。反过来说，这一击极有可能就是导致死亡的原因，也就是说图坦卡蒙很有可能死于一次谋杀。"

　　当线索逐渐从历史的沉滓中浮现出来时，笼罩这个悲剧故事的种种疑点幽冥般地闪现。谋害国王的凶手是谁？曾这场政治阴谋又在历史上留下了怎样的痕迹？王朝的命运终究归于何处？

　　在 3000 年前的埃及图坦卡蒙时代，一个古埃及历史上异常动荡的时代。国家四分五裂，宗教和政治骚乱使得固有的社会秩序遭到进一步的破坏，朝中贪婪的野心家们纷纷结党密谋。而与此同时，年轻的国王和他深爱的妻子却无法得到一个王位继承人。这种种不稳定的因素使得埃及犹如一个火药桶，一触即发。图坦拉蒙年轻的生命终于被死神带走，江山易主。布雷尔列出了三位最有可能成为凶手的人

嫌疑人一：军队统帅霍朗赫布　霍朗赫布常常教图坦卡蒙狩猎、驾驶战车，这些活动都提供了谋划一次事故的充足机会。如果图坦卡蒙真的是死在路上，尸体在霍朗赫布运回之前就可能腐烂了。这一点倒可以解释为何木乃伊上额外倒了好多防腐香料。霍朗赫布弑君最可能的动机是自己篡权登上王位，要做到这一点对于手中掌握军权的他并不难。嫌疑人二：其妻安克姗娜门。　她的动机可能是篡位，也可能是希望有继承人。在图坦卡蒙的墓穴中还发现了两具胎儿木乃伊。据推断，两个死胎都是图坦卡蒙和妻子所生的女儿，死亡原因是早产或死产。如果图坦卡蒙没有能力繁衍健康的后代，安克姗娜门很可能希望他出局，而自己可以跟能够令她生育健康孩子的人结婚。嫌疑人三：宰相艾。　图坦卡蒙父亲在位时，艾就是宰相。后来他辅佐 9 岁的小图坦卡蒙登基，实际上一直在执掌国家大权，而且深得图坦卡蒙的信任。艾的杀人动机可能是觊觎法老的宝座，而在图坦卡蒙死后他确实当上了下一任法老。图坦卡蒙墓中壁画上有艾主持图坦卡蒙葬礼仪式的内容，而当时有权主持这一仪式的是确定有继承权的人。

但是，研究古埃及史的知名学者们却纷纷称这一结论是胡说八道。柏林勃兰登堡科学和人类学学院的一位专门研究图坦卡蒙的学者说："人人都喜欢推测，但是至今却没有任何证据来证明这些推

测。"为解开一个延续多年的未解之谜,埃及考古部和美国的研究小组曾用一辆载有特殊装备的车辆从"帝王谷"将这位法老王的木乃伊从坟墓中移出,希望用高科技设备对他的头盖骨和肋骨进行立体摄影,从而确定其死因。研究小组公布了扫描结果:3300 年前的这位 18 岁的古埃及法老并不是死于谋杀。在短短的 15 分钟的 CT 扫描中,研究人员针对木乃伊的不同部分拍摄下了近 1700 多张图片。研究显示,图坦卡蒙身形纤瘦,健康,没有营养不良或传染病,但他有轻微唇裂。CT 片还显示,这位年轻的法老有微小的腭裂,不像是装饰用的胡须或其他面部装饰造成的影像。他的门牙很大,同其家族里的其他法老一样,牙齿有覆咬合特点。哈瓦斯表示,图坦卡蒙的尸体保存完好,可以清晰地看见图坦王脸部的轮廓,就连他的脚趾和手指也是保存完好。发现图坦卡蒙法老王"藏身之地"的埃及最为著名的考古学家,埃及古物最高委员会秘书长哈瓦斯表示,研究小组针对有关图坦卡蒙被谋杀的种种说法展开调查,但没发现其后脑曾被重击的证据,也没其他迹象显示涉及谋杀。他们还发现,他胸部意外撞伤的可能性极小。哈瓦斯称,研究小组部分成员认为,图坦卡蒙左大腿骨有一道骨折裂痕,显示他死前可能严重弄伤大腿。虽然裂痕本身不会对生命构成威胁,但却可能因此受细菌感染。尽管这个裂痕也可能在防腐处理过程中造成,但他们却认为可能性不大。

研究结果表明,图坦卡蒙生前并没有遭受阴谋的迫害,谜团解开之后,这位一直被关注的木乃伊也将被送回自己的墓穴,从此过起平静的"生活"。

伊丽莎白为何终身未嫁？

伊丽莎白一世 25 岁登基为王，以其美貌、学识和至尊地位引得欧洲大陆无数王公贵胄尽折腰，争相向她邀宠求婚。然而她却终身未嫁，这究竟是怎么回事呢？

据闻伊丽莎白虽然独身终生，但她也曾利用自己的婚姻大事作为资本，于欧洲各大国之间周旋。

第一次是在她登基不久，当时国际社会迟迟未承认她作为英格兰女王的合法身份。法兰西人更在为结束西班牙与法兰西之间战争而举行的卡托—堪布累齐谈判中公然向伊丽莎白发难，提出了谁是英格兰王位合法继承人的问题。伊丽莎白非常明白法兰西人的险恶用意，她不动声色地在暗中打起腓力二世这张牌来。

在一段时间内，她对腓力二世的求婚既不回绝又不应允，使腓力二世对联姻怀有希望，然后借助西班牙在国际事务中的影响力，敦促其他国家认可伊丽莎白作为英格兰女王的合法身份。求婚之事因此就拖了几个月。直到伊丽莎白了解到英格兰特使已在卡托—堪布累齐和约上签字，说明国际社会已承认了她作为英格兰女王的合法身份后，她才一改几个月以来的模糊态度，明确告诉西班牙使节，她不能与西班牙国王腓力二世联姻，原因是双方宗教信仰不一样。

此后，伊丽莎白多次将自己的婚姻用作进行外交的一种工具。众多王公贵胄向伊丽莎白求婚时她都没有答应，她或许根本不打算结婚，然而她严密地隐藏自己的想法，她从不向各国王侯贵胄关上求婚的大门，而是欲言又止，一直让他们对联姻之事怀有希望。

不想结婚的伊丽莎白也喜欢与男人交往，在宫廷之中，就有不少她喜爱的庞臣，达德利勋爵是其中最令她心仪的人。高大强健的达德利是贵族之后诺森伯兰公爵的公子，他英俊潇洒，一表人才。伊丽莎白对他十分宠爱，在 1564 年竟加封他为莱斯特伯爵。实际上，伊丽莎白早就有与他结婚、永为伴侣的打算。可是有一件事情令她最终放弃了此念。那就是，莱斯特伯爵在成为女王宠臣之前已是有妻室之人。而且很凑巧，莱斯特之妻罗布莎特有一天突然命丧九泉，因此有好事者传说，罗布莎特是其丈夫为与女王成婚而故意谋杀致死的。不管此事是否属实，终究是人言可畏，女王深恐与莱斯特结婚会引来非议，有损君王尊严，终于未能结成连理。

1578 年，法兰西国王亨利二世之弟、年轻的阿朗松公爵亲自登门向伊丽莎白求婚，但这场求婚却成了一场马拉松，直到 5 年之后，即 1583 年，50 岁的伊丽莎白才明确宣布拒绝了他的求婚。阿朗松成为了最后一位求婚者。此后伊丽莎白便没有提过婚嫁之事，其中奥秘如何，那恐怕就是一个无法解释的谜了。

英王爱德华八世放弃王位之谜

英国历史上有一位为了爱情宁愿放弃王位的人，他就是著名的爱德华八世，全名爱德华·阿尔伯特·克里斯蒂安·乔治·安德鲁·帕特里克·大卫。

爱德华生于萨里里士满的帕拉底欧式白色木屋。其父为约克公爵乔治王子殿下（后来的乔治五世），乃爱德华七世仅存的儿子。其母为约克公爵夫人（后来的玛丽王后）。作为维多利亚女王的长曾孙，出生时爱德华已得约克的爱德华王子殿下的名衔。他的家人称呼他全名最后的"大卫"。

1928 年，乔治五世给爱德华邻近桑宁代尔、在波克夏的 Fort Belvedere 作为住宅。此后爱德华开始和一些已婚女子发生恋情，包括弗丽达·达德利·沃德、佛奈斯侯爵夫人及华里丝·辛普森。

辛普森夫人原名沃丽丝·沃菲尔德，她既无美艳的容貌，也无卓越的才华。可是 1931 年爱德华在伦敦第一次遇到沃丽丝时，就为她通晓事理、举止潇洒的风度所倾倒。沃丽丝虽已近中年，但依然窈窕如初。王子对沃丽丝一见倾心，但是父母、王室、内阁及各自治政府上上下下竭力反对王子的这一举动。其弟艾伯特王子极力怂恿爱德华另觅佳配，很有影响力的英国国教教会也表示反对。身患重病的乔治五世曾满怀忧虑地对首相鲍尔温说："我死之后，这个孩子很快就会把自己毁掉！"

乔治五世病逝之后，王子登上王位，即爱德华八世，马上宣布要迎娶沃丽丝。他的决定遭到了包括首相鲍尔温在内的谋臣们的一致反对。1936 年 11 月 16 日，爱德华和首相斯坦利·鲍尔温见面，表达和辛普森夫人结婚的想法。当时首相给爱德华三个选择：一是，取消结婚的想法，二是，迎娶辛普森，违抗首相的意愿，三是，退位。爱德华八世几乎没有犹豫，他对首相回答："我现在考虑的惟一问题就是自己配不配当沃丽丝的丈夫，和她在一起就是我永远的幸福……无论当国王还是不当国王，我都要娶沃丽丝，为了达此目的，我宁愿退位。"

人们不能理解，为什么刚刚登基的新国王竟然会为一个徐娘半老的普通女子而放弃他的国家。有人认为是王子经受不住沃丽丝美色的引诱，还有人认为王子是为了真挚的爱情。事情发展到最后，原本单纯的爱情却变成了一场政治风暴。可能是因为人们认为两人是属于不同世界的人。沃丽丝逃不过人民的指责，被人们安上了"存心勾引国王，妄想当王后的'美国冒险家'"的头衔。

面对各种诽谤、咒骂，指责，沃丽丝决定与爱德华八世分手，并远离这个是非之地，还帝国一个安宁。她悄悄离开英国，并写信给爱德华八世，希望和他分手，可是爱德华八世却说："即使因为和你在一起我一无所有，我也没有怨言，比起你来，王冠、权杖和御座都不重要。"沃丽丝收到爱德华八世的回信，被他深深的打动，最后决定宁可承受外界诽谤的痛苦也要和心爱的人相守一辈子。

1936年12月11日，在位不到10个月还未加冕的爱德华八世在温莎堡的奥古斯塔塔楼发表了告别演说。他为采取这一行动深感抱歉，并解释了他为什么要这样做。他满怀激情地说："请你们一定要相信我的话，虽然我希望我能够继续承担起身上的重任履行国王的义务，但是如果我得不到我所爱的女人的帮助和支持，这一切都是不可能的。"几个小时后，他便在皇家海军驱逐舰的护送下离开英国，去寻找沃丽丝了。

1937年，乔治六世继位，封爱德华八世为温莎公爵。同年6月3日温莎公爵跟沃丽丝·辛普森在法国举行了私人婚礼。英国王室的成员却一个也没有出席。1972年，78岁的温莎公爵病逝，沃丽丝在对丈夫的思念中度过人生最后的14年。

与普遍认为的因爱情退位的说法不同，有人说爱德华退位的真正原因是沃丽斯的政治立场原因。有人说爱德华八世的退位，是因为沃丽丝是纳粹德国狂热的支持者。

二战爆发前，美国联邦调查局从德国王室成员维尔兹堡爵士处得到情报：英国王室和政府遗弃温莎公爵夫妇，是因为怀疑他们是纳粹德国的支持者。在联邦调查局给罗斯福总统提供的一份备忘录上，也提到了他们对温莎公爵的担忧。备忘录确认了英国政府已经知晓公爵夫人与纳粹德国的密切往来。事实上，沃丽斯确实一直同纳粹接触密切。1937年，温莎公爵伉俪就曾经到德国作为纳粹首领阿道夫·希特勒的私人访客。还有证据称沃丽斯？沃菲尔德与德国驻英国大使、后被希特勒提拔为外交部长的乔治？莱布特罗勃有着密切往来，一直向其提供重要的政治、军事情报。

如果上述证据属实，英王娶了一位支持纳粹德国的女人为妻，英国王室和英国政府又怎样面对其他同盟国甚至本国国民。于是，他们共同向爱德华八世施加压力，英国首相鲍尔温也以内阁集体辞职相要挟。然而，没想到的是，爱德华八世却为爱情放弃王位，远走他乡。

不管到底是何原因，爱德华八世是惟一一个爱美人不爱江山的英国君主。虽然世人褒贬不一，但作为"历史上伟大爱情一例"，它将永远被人们铭记。

威廉二世死亡之谜

公元1100年8月的一个下午，时近黄昏，英王威廉二世骑着马在新林猎鹿。其后发生的事情直到现在还是一个谜，是惹人揣测的悬疑事件。

在 1100 年 8 月的一个白天，威廉组织了一场在新森林的游猎，奥德利克·维塔利斯详细地描述这次打猎的准备情况：一个军士长为胡佛准备了六支箭。国王很快高兴地拿起了这些箭，表扬了军士长的工作，自己拿去了四支。剩下的两支箭交给沃尔特·泰尔……说道："照道理说最锋利的箭应该给那些能够一箭中的的人"。在后来的狩猎中，这帮猎手展开队伍追捕猎物，被分配在沃尔特·泰尔的行伍中。泼伊克斯爵士则与其他人隔离开来，这是威廉生前最后一次在人前露面。第二天，威廉被一大群农民发现。躺在树林里，一支箭正中肺部。威廉的尸体被贵族们遗弃在他倒下的地方，因为无论是按照英格兰的法律还是习俗，他们不得不赶回自己在英格兰和诺尔曼的封地去确保自己领地的安全。传说中他们被留在当地的炭房里，一个叫普吉斯烧炭工人将国王的尸体用自己的大车拉到温彻斯特大教堂。

根据那些编年史的作者的记录，威廉之死并不是出于谋杀，沃尔特和威廉一起去打猎，沃尔特瞄准了一只雄鹿，一箭射去却正中威廉的胸膛。沃尔特试着想要去救助威廉但此时已无能为力。因为害怕被控弑君，沃尔特惊慌之中，跃马而去，这个传说版本被保留在梅尔斯伯里的威廉 1128 年编写的"英国国王编年史"中："在国王去世的前一天，国王梦到他去了天堂，他突然被惊醒。他命令侍卫掌灯，并禁止仆人离开他。第二天他走进森林，他由几个人陪着。沃尔特·泰尔陪着他，其他人则追随着他。太阳下山了，弯弓射箭，轻伤了一只从他们身边穿过的雄鹿。鹿还在往前跑。由于阳光直射，国王眯缝着眼睛穷追不舍，一直追了好长一段路。说时迟，那时快，当沃尔特瞄准了另外一只鹿，即刻弯弓射箭，噢，天哪！箭却正中国王的胸膛。

受了重伤的国王一声不吭，只是一手折断了射入他胸口的箭。这加速了他的死亡，沃尔特赶紧抱起他，却发现他已经不省人事，他跃马而去，拼命地逃跑，尽管当时没有人在追踪他：有些人为他感到遗憾，有的人则协助了他的逃亡。

国王的尸体被放在一辆大车上被运往温彻斯特大教堂。鲜血一滴一滴往下掉。在那里他被埋葬在塔里。第二年，塔就倒了。威廉胡佛死于1100年，终年40岁，教会对他的死深表遗憾，却无法拯救他的灵魂。他深得士兵的喜爱但是他曾经掠夺过地方的人们却很仇恨他。

关于威廉二世的死，人们还有另一种猜测。他的死并非意外。威廉一世有三个儿子，威廉二世排行第二。威廉一世在世时已给几个儿子分家，把法国的诺曼底留给长子罗伯特；把英国给了次子威廉；亨利只获得一大笔财富，但是没有土地。大哥与二哥经常发生争执，甚至打起仗来，但是到了1096年，二人又言归于好，罗伯特决定率十字军东征，需要好大一笔军费，于是以诺曼底为抵押品，向威廉借了他需要的钱。可是1100年夏季，罗伯特启程返国，还新娶了一个非常有钱的女人。威廉打定主意，不让哥哥还债赎回诺曼底，开始整军习武预备夺取诺曼底。正在做这种准备的时候，出了新林猎鹿驾崩事件。同时，假如亨利真的要篡夺英国王位，他一定已看清楚形势，知道自己得赶快行动（威廉死后疾如闪电的行动，显示他事前早已做了一些准备工作）。如果等罗伯特回到诺曼底，事情发展极可能出乎意料之外，妨碍他篡位的计划。所以亨利先发制人，其后只须应付一个哥哥而无须与两位兄长争雄。威廉驾崩而罗伯特又远客他乡，亨利就能篡夺他本来无权过问的王位。当然这也只是一种猜测。一直以来，威廉二世的死仍是一个未解之谜。

华盛顿死亡之谜

美国第一任总统华盛顿在完成了历史赋予他的使命之后，于1798年初冬，悄悄回到了自己离别16年的家乡——弗农山庄。

66岁的他准备在这里安度自己的晚年，一年以后，死神却奇迹般地夺去了他的生命。而对他的死因，至今没有一个确切的说法，两个世纪以来一直困扰着史学家们。

1799年12月12日，天空阴沉沉的，好像要有一场大雪。对于这天的天气，华盛顿早有预见。但他仍旧骑上马开始巡视，他是上午10点钟出去的，下午3点钟才回来。

第二天早晨，他感到嗓子痛，不能再出去巡视了。下午，他的嗓子开始嘶哑。到了晚上，嗓子哑得更加严重。但到了夜里，他冷得全身发抖，呼吸不畅，凌晨两三点钟，他叫醒了夫人，但又怕她着凉，没让她起床。清晨，女仆进来生火，才把利尔先生叫来。此时华盛顿已呼吸困难，话也说不清了。他让人去把克雷克大夫请来，同时，在医生没来之前，他效仿农奴治病的土办法，让管家为他放血。

　　大约 4 点 30 分，他让夫人在写字台中取出他早就写好的两份遗嘱。他看了一下两份遗嘱后，让夫人把其中一份遗嘱烧掉，另一份保留，放到她的密室里。夫人从密室回来后，华盛顿握着妻子的手，说："这场病可能马上让我离开这个世界，如果真是这样，你要清理一下账目，把款项结清，另外你还要把我那些关于军事的书信文件仔细整理一下。"大约 5 点钟，克雷克大夫来到房间里。

　　华盛顿说："医生，我现在很痛苦，从一得病我就知道死神这次是不会放过我的。不过，死对我来说并不可怕。"

　　华盛顿又说："谢谢你们的照顾，不用替我操心，我很快就要去了。"他接着又躺了下来，大家也都走出了房间，只留克雷克大夫一人照看。

　　晚上，又采取了其他的治疗方法，但都收效甚微，这次医生让他服什么药他就服什么药了，利尔先生后来在书中叙述道："大约 10 点钟，他几次都要说话，但都无法说出。最后，他终于说了一句话："我快不行了。我死后的三天再下葬，葬礼要尽量简单。"

　　"在他去世前大约 10 分钟，他的呼吸通畅了很多。他变得很安详。他还伸手，摸自己的脉。忽然他的脸色变了，连忙叫克雷克大夫，坐在火边的大夫急忙到了病床边，但一切都结束了：华盛顿的手从腕部垂了下来，停止了呼吸。克雷克大夫蒙着脸哭了起来。华盛顿就这样没有叹息、没有挣扎地离开了我们。"

　　事隔 200 多年之后，在华盛顿去世纪念日的这一天，美国媒体突然披露了一则消息——华盛顿之死竟然与当时诊断不确、医治不当有关。一时激起了轩然大波，华盛顿的死因成了人们议论的热点。长期以来，学者们认为：华盛顿是重感冒引发扁桃体脓肿而致肺部严重感染，但放血治疗才是导致华盛顿死亡的根本原因。大卫·莫伦斯是美国国家卫生研究所教授、当代著名的流行病学家，他曾对华盛顿的死因做过深入研究。他认为华盛顿是因急性会厌炎而导致气管阻塞，最后窒息而死。他明确指出，会厌炎的典型症状是发作快、发高烧、咽喉疼痛肿胀、咽食困难、声音嘶哑甚至说不出话、烦躁不安。华盛顿患病的症状，与此完全相同。因此，可以说，克雷格医生确是误诊，也许可以说，200 年前的医生还不了解会厌炎这种病，不懂得治疗这种病的方法。有一些学者则不同意莫伦斯的说法，认为华盛顿可能患有癌一类的慢性消耗。

华盛顿的死因却一直没有被查实，他得的是什么病、医生为他诊断的结果是什么、给他吃的药对病情有没有作用、药名等都无人知道，而他生前为自己准备两份遗嘱的目的是什么？是不是其中另有隐情？

叶卡捷林娜的王位之谜

沙皇俄国在其长期的君主统治中出现了一位赫赫有名的类似中国的女皇武则天式的女沙皇——叶卡捷琳娜二世。那么叶卡捷琳娜二世是怎样登上皇帝的宝座呢？

叶卡捷琳娜是德国人，14 岁随母亲约翰娜·伊丽莎白来到俄国，在一场政治婚姻中嫁给了俄国女皇伊莉莎白·彼得罗夫娜的外甥彼得三世·费奥多罗维奇，并皈依俄国东正教，成为俄国王位的继承人。

到莫斯科之后，叶卡捷琳娜很快就被定为皇储的配偶，但接下来的 18 年对她来说是步步惊心，传说叶丽萨维塔女皇对她的态度时冷时热，使她更加痛苦的是她的丈夫彼得三世·费奥多罗维奇是个身体羸弱，意志薄弱而又怪戾的人，宠爱自己的情妇，还经常羞辱叶卡捷琳娜。在这期间，叶卡捷琳娜自称"无时没有书本，无时没有痛苦，但永远没有快乐"。她在为俄皇室完成传宗接代任务后，地位岌岌可危，丈夫彼得早已对其厌倦，人们早已将其忘记，她只是苦苦忍受耻辱和孤寂。

于是她偷偷组织了一个小团体，以她的情夫格里哥利·奥尔洛夫五兄弟为首的阿列克谢、费多尔、伊凡和弗拉基米尔都是禁卫军军官。成为支持她的铁腕力量。

彼得大公也并不是吃素的，他对叶卡捷琳娜的阴谋早有所闻，他也在积极行动。这个骨子里流着普鲁士的血液的昏庸之君，早就打算与他的情妇伊丽莎白·沃沦佐娃结婚而把叶卡捷琳娜甩掉。

1762 年，荒淫暴戾的伊丽莎白终于死去。根据遗诏，彼得做了皇帝。彼得三世上台之后一系列令人目瞪口呆的行动，终于将自己逼上了绝路。他下令在"七年战争"中形势大好，胜利在望的沙俄军队停止战斗，退出所占的普鲁士土地，与普鲁士国王腓特烈二世签订和约，只因他是腓特烈二世的崇拜者，还准备"亲自率领一部分军队，听从腓特烈二世的指挥"。在国内，他要俄罗斯人改信路德教，宣布信东正教的人为异教徒，没收东正教会的财产。结果，自然是人心思变，彼得还决定把叶卡捷琳娜幽禁在舒吕塞尔堡要塞，并且以他凶残乖戾的性格，他下一步就要动手杀妻子。

叶卡捷琳娜明白只有先下手，否则就只能做阶下囚甚至是命归黄泉。事不宜迟，1762 年，在奥尔洛夫兄弟的支持下，叶卡捷琳娜发动宫廷政变。1762 年 7 月 17 日，彼得三世被毒死（也有说是勒死），叶卡捷琳娜迅速登上俄国女沙皇的宝座，自此大刀阔斧，力行革新，掌控与操纵这个以男性为主的世界达三十多年之久。因治国有方、功绩显赫，其才干与名气闻名海内外，成为俄国人心目中仅次于彼得大帝的一代英主。被尊称为"叶卡捷琳娜女皇"。

她成功夺取皇位，囚禁了彼得三世，1762 年 7 月 17 日，彼得三世神秘死亡（一说毒死也有说是勒死，叶卡捷琳娜对外宣称是消化不良而死）。经过 18 年的忍辱负重，叶卡捷琳娜终于等来了这一天，成为世界上幅员最大帝国的主人。

亚瑟王及其圆桌武士传说之谜

被誉为樱花之国的日本自古以来就极其崇尚武士道精神，其忠君、坚毅的主旨也正是大和民族生生不息的动力之源。古老的西方也曾流行着武士的传说，那便是亚瑟王和他的圆桌武士。在大多数人的心目中，亚瑟王及其所率领的圆桌武士便是一个充满罪恶的世界中的坚忍忠勇志士的代表，是维护文明、抵制蛮强入侵的英雄。

那么为何称其为圆桌武士呢？圆桌一词从何而来呢？

传说圆桌就放置在亚瑟王宫廷正中央。它象征了蔓延到全国各地的荣耀和王权，和国王加冕时手握的宝球作用相同。但圆桌的含义要比很多宝球深远。圆桌在实际意义上象征的是友爱与和谐。任何在圆桌周围坐着的武士都不会觉得地位比别人低，不会觉得委屈，中国古代《水浒传》有四海之内皆兄弟，而放置圆桌的亚瑟王宫廷也算是西方的"聚义厅"吧。圆桌是嫉妒、贪图权力与高位的解药，而中古时代战争与动乱正源于上述种种人类缺点。但是亚瑟王也规定，只有最杰出的"威猛无比、本事极大"的武士才配成为圆桌武士。

一位精通木工的专家认真检查了这张桌子。它大概是 14 世纪制成的。断定圆桌用的大约是 14 世纪 30 年代所砍伐的树木制成。所以，如果这张桌子不是亚瑟王所制，又会是谁制这张桌子的呢？英王爱德华一世可能性最大，他当政年代是 1272～1307 年。

亚瑟王的传说，与 11～13 世纪日趋形成的见义勇为和保卫宗教的理想密切相关。每一个战士倘若要做成功的十字军士兵，倘若要追寻耶稣基督举行首次弥撒时所用的圣杯，都应该以亚瑟王的武力为效法对象。见义勇为的骑士精神到 14 世纪发展到极致。爱德华三世当时企图把法国征服，就像传说中亚瑟王要与罗马"独夫卢修斯"打仗一样。由于对骑士精神的崇尚，再加上亚瑟王的传说，设立一个新的武士精英组织的构想便在爱德华脑中形成。这个新组织以伦敦西边的温莎宫为活动中心。根据法国史学家让·福罗萨特记载，这是 1344 年 4 月 23 日圣乔治节，在一次盛大的马上比武庆典上宣布的。

不管亚瑟王及其武士是否曾经坐过这张圆桌。它的存在不再仅为单纯的家具之用，更成为亚瑟王及其武士忠勇坚毅的一种象征。真正的圆桌抑或早已灰飞烟灭，抑或至今尚存在某个不为人知的偏僻角落，而传奇的武士们则将千古留芳。

拿破仑在滑铁卢惨败之谜

拿破仑说过一句经典的话，："不想当将军的士兵不是好士兵"，足见其有远大的志向。一直以来拿破论本身在人们心中是一个神话，因为他不止自己是个奇迹，而且还能创造奇迹。1815 年 3 月 20 晚上 9 点钟，令人难以置信的是，"大势已去"的拿破仑居然不费一枪一弹，在短短 19 天之内从地中海到巴黎，赶走了波旁王朝，再度称帝。

但拿破仑比谁都更清楚地知道，他马上就要面临着一场严酷的战争，欧洲对他这一次的突然出现一定会想尽一切办法进行打击。

6 月 14 日，拿破仑入侵比利时战争开始。

6 月 17 日傍晚，拿破仑带领军队向高地进发，与英军相遇。

6 月 18 日清晨拿破仑与威灵顿开始战斗，当时拿破仑大约有 7．2 万个士兵，威灵顿有 7 万。拿破仑和威灵顿都在等待援军的到来，前者等的是元帅格鲁布，后者等待的则是布吕歇尔。

法军继续着对英国军队左翼的进攻。一个半小时后，拿破仑看见圣兰别尔东北方有军队向这边赶来，他认为这一定是格鲁布，遗憾的是：来的军队是布吕歇尔而不是格鲁布。布吕歇尔从格鲁布的追击下逃脱并且绕过法国元帅的视线赶到了这里。拿破仑并没有因此而想到撤退，他认为格鲁布应该会很快到达。

很多的法国骑兵死在了战场上，但剩余的士兵们毫不因此恐惧。黄昏时，拿破仑相信格鲁布马上就能赶到，所以他仍旧带领着近卫军向前猛攻。但很快大批英国骑兵冲向了法国近卫军，近卫军伤亡惨重。这个时候，拿破仑仍在等，格鲁布仍没来！

排成了方阵的近卫军一面抵抗着英军的进攻，一面保卫着拿破仑慢慢撤退。离开了滑铁卢，拿破仑得知几十万英军主力已准备向法国进攻，而几十万俄军也咄咄逼人，即将到来。这才让拿破仑彻底绝望了。格鲁布迟迟未到毁灭了法国军队。

滑铁卢惨败，拿破仑对未来充满了绝望。然而事实真如人们所言：拿破仑的惨败完全在于格鲁布元帅的迟到吗？如果格鲁布元帅没有迟到而是准时到达救援地点那是否又意味着拿破仑会一如即往地雄霸欧洲呢？我们只有到不可重演的历史中去找寻答案。

拿破仑死亡之谜

拿破仑是法国资产阶级政治家和军事家，法兰西第一帝国和百日王朝皇帝。滑铁卢战役失败后，他被流放于英属南大西洋小岛———圣赫勒拿岛。1821 年 5 月 5 日 17 时 49 分，他长眠于此，享年 51 岁。法国当局随后宣称这位皇帝死于"心血管疾病"。不过，很多人相信，这位曾叱咤欧洲大陆的风云人物是被人下毒害死的。最近又有专家指出，拿破仑最后因胃癌去世。一些专家指出，弄清拿破仑死因的最好方法就是能"开棺验尸"，并对其遗体进行"DNA 测试"，但这对许多法国人来说，是件"完全不能接受的事情"。一些拿破仑亲属则认为，"有关拿破仑的死因并不重要，因为他还有许多更重要的问题需要进行研究。"

　　20 世纪 60 年代，美国联邦调查局和法国巴斯特大学以拿破仑的头发进行检验分析，发现含有大量的砒霜（砷），进一步支持拿破仑被下毒的说法。日前，瑞士巴塞尔大学与苏黎世大学医学史研究所合作，通过对拿破仑不同时期 12 条裤子腰围尺寸进行研究后断定，拿破仑的确是死于胃癌。

　　20 世纪 60 年代，瑞典牙医首先怀疑拿破仑是因慢性中毒而死。《华盛顿邮报》报道，曾随拿破仑一起流放圣赫勒拿岛的仆人马尔尚在其日记中写道，拿破仑去世前"经常失眠，腿部肿胀无力，掉头发，偶尔抽搐，总是觉得口渴"。上个世纪六十年代，瑞典牙医和毒药专家佛舒伍德在对日记进行仔细研究后认定，上述症状均与人服食砒霜后的情形类似。后来，美国联邦调查局和法国巴斯德大学又对拿破仑一根头发进行了分析，并从中发现了相当数量的砒霜。这一结果证实了"中毒"的说法。拿破仑是个小心谨慎的人，他怎么会轻易中毒呢？谁会是那个下毒的人？佛舒伍德医生还对曾经生活在拿破仑身边的人进行了逐一分析，找到了实施这一计划的重大嫌疑人犯，那就是他过去的部下，一位在战场上毫无树，从不被他重视的蒙托隆将军。蒙托隆利用负责拿破仑生活日用品供应的便利条件，在他专用的淡葡萄酒中施放砒霜，使之日积月累，逐渐中毒死亡。福舒夫伍德从大量的历史事件中证明蒙托隆完全有作案动机，一方面是他与拿破仑的私怨，另一方面则是他受阿图瓦伯爵之命，充当拿破仑身边的一名奸细，伺机进行谋杀，以消除波旁王朝因拿破仑的存在而导致的心理上的恐怖与不安。不过，也有历史学家表示，蒙托隆参与暗杀拿破仑的说法是没有确切证据的猜测，因为"他根本没机会接近拿破仑的酒杯"。

2002 年，3 位权威人士对拿破仑的头发进行细致分析研究。
2002 年 10 月，应法国《科学与生活》杂志之邀，法国 3 位权威人
士利用同步加速器射线对拿破仑遗留下来的头发进行了细致分析，
结果断定：拿破仑死于胃癌，而非有关专家推测的砒霜中毒。支持
胃癌一说的专家并不否认在拿破仑头发中发现了砒霜，但由此引发
的问题是，这些砒霜到底哪来的？有人指出，砒霜可能是拿破仑从
环境中"慢慢吸收"的结果，而且这让他对这种东西产生了免疫
力。当时的墙纸、弹药、老鼠药、火柴和海产品中都含有砒霜成
分。还有一种解释就是，拿破仑为防有人毒还自己，故意服食砒霜
增加抵抗力。由于那根证明"中毒说"的头发是在拿破仑被流放前
提取的，且里面已含有许多砒霜，巴黎警察局毒药实验室主管因此
指出，如果砒霜是拿破仑死因的话，这位领袖在流放前就"至少死
了 3 次"。虽然人们对拿破仑 182 年前的死因争论不休，但法国人
提起这位曾经叱咤风云的皇帝，仍感到十分自豪，因此他的墓碑前
每天都围满了参观者。

一代传奇人物拿破仑到底是怎么死的，至今仍争论不休。

亚历山大的死亡之谜

亚历山大大帝（公元前 356 年 7 月 20 日或 21 日或 22 日 – 前
323 年 6 月 22 日）是古代马其顿国王，世界历史上著名的军事家和
政治家与凯撒大帝、汉尼拔，拿破仑被誉为在欧洲历史上最伟大的
四大军事统帅帝，他足智多谋，在担任马其顿国王的短短 13 年中，

以其雄才大略。东征西讨，先是确立了在全希腊的统治地位，后又灭亡了波斯帝国。在横跨欧、亚的辽阔土地上，建立起了一个西起古希腊、马其顿，东到印度恒河流域，南临尼罗河第一瀑布，北至药杀水的以巴比伦为首都的疆域广阔的国家。创下了前无古人的辉煌业绩，促进了希腊古文化的繁荣和发展、东西方文化的交流和经济的发展，对人类社会文化的进展产生了重大的影响，是世界古代史上最著名的军事家和政治家，可是这样一位伟大的人物却在公元前四世纪末死于非命，关于他的死因，至今众说纷纭。

有一种说法是亚历山大死于一种疾病，在《亚历山大大帝远征记》中．古希腊史学家阿里安己载了亚历山大死前最后的日子："5月29日，亚历山大在宴会上与朋友们爆情畅饮，那天深夜他病倒了，第二天整夜发烧6月1日他烧得更厉害，整夜未眠二6月4日病情更加严重，之后他让高级将领在宫殿庭院内待命。6月5日，他高烧未退，已不能说话，直到6月6日都是如此。"美国学者高勒将军认为亚历山大死于恶性疾病一他在《亚历山大新传》一书中写道："亚历山大由于长期在沼泽地带作战，不幸染上恶性疾病，后来发作，从而离开了人世"美国热带疾病研究专家约翰·玛尔医生排除了上述说法．他在查看了与亚历山大病情相关的一些资料后，发现一个前人未能注意到的细节，并提出了一个新观点：亚历山大可能死于"西尼罗河热"。古希腊历史资料记载，亚历山大攻入巴比伦时，曾看到大批鸟儿在空中互相啄食，随后又纷纷掉下来死掉了一玛尔医生由此想起了几年前的一件事．1999年，美国纽约市民发现许多鸟儿突然坠地死亡，后来经过检查，它们全都死于西尼罗河热，西尼罗热是一种由蚊子传播的病毒性感染型疾病，鸟儿和人类都有可能感染，人类患病的症状就是高烧不退。这点与史料对亚历山大病症的描述几乎一样，而其他症状也相符。在亚历山大生命的最后几天，他已不能言语，下半身也处于瘫痪状态——西尼罗河热能够引发脑炎，而脑炎可影响人的活动能力。

另一种说法是他是死于中毒，约翰格利弗是伦敦警察厅最优秀的侦探之一，他决心解开亚历山大死亡的原因。格利弗查找了许多有关亚历山大大帝的记录，那些记录中充斥着互相矛盾的记述，于是侦探决定求助历史专家雷恩·福克斯，一位研究亚历山大的史学权威。他告诉格利弗，历来人们对亚历山大的死亡主要持两种观点，一种是根据皇家记录，认为亚历山大死于疾病，另一种认为亚历山大的死与毒药有关，在一本记录亚历山大罗曼史的书中提到了毒死他的阴谋。格利弗找到那本书，发现书中提到了一个名叫安提帕特的马其顿地方长官。他很可能是下毒谋杀亚历山大的策划者二当时他刚被亚历山大革职，也许心存不满. 因而决定毒杀亚历山大：格利弗假没安提帕特让自己的一个儿子将毒药从马其顿带到巴比伦，另一个儿子在巴比伦寻找下毒机会。如果最后实现投毒汁划，亚历山大确实死于中毒，就需要确认凶手使用的是什么毒药：于是格利弗请来一位毒药学专家，借助最新医疗技术模拟亚历山大生命里最后十几天的中毒反应。历史资料记载，亚历山大在宴会上喝了一些酒后不到半小时，身体就感到不舒服，随后出现呕吐、疼痛、说话困难、身体逐渐虚弱等症状。曾有历史学家认为亚历山大可的是番木鳖碱，但毒药专家否认这个观点，他认为番木鳖碱含有剧毒，中毒后只要四五个小时，中毒者即会死亡，而亚历山大却是在反应不良后很多天才死去的，另外，番木鳖碱具有典型的症状，如肌肉收缩、眼睛突出、后背弓起、下巴僵硬，这与亚历山大的中毒反应完全不同。用这种方法，格利弗与毒药专家将古希腊毒药一一排除，最后还剩下一种名叫白菟葵的毒性植物在亚历山大的家乡，白菟葵是一种很常见的植物，其根部蕴含有毒成分但这种毒药的症状是否与亚历山大的情况吻合呢？毒药专家对电脑模拟控制的人体进行下毒试验后，发现模拟躯体显示出与亚历山大同样的反应：心率下降、呼吸困难，身体变虚弱、但是，一剂白菟葵并不会要人的命，人中毒后 24 小时内，毒素就会慢慢从体内排出，因此如果要让人彻底死亡，必须要有第二次甚至第三次下毒。格利弗马上想到，在历史记载中，亚历山大曾让人用羽毛搔他的喉咙以帮助他催吐，会不会有人趁这个机会将毒药送入他的口中呢？毒药专家的研究显示，第二剂白菟葵进入人体后，中毒者会持续虚弱，而且无法行动：这时，只要再来一剂毒药，中毒者马上就会死去。

还有一种说法是他死于长期受激光的照射。两千多年前，是谁掌握了激光技术，并且还能用来杀人呢？说起来让人难以置信。原来，亚历山大占领波斯的一座城市后，城中的贵族向他贡献了一顶王冠。王冠上镶嵌着一颗特大的，发出紫色幽光的红宝石。亚历山大戴着它，到处炫耀自己的威严和权力。

科学家发现，红宝石在太阳光的照射下发出一种特殊的自然激光。由于亚历山大长期戴着这顶镶嵌红宝石的金王冠，所以成了自然激光的牺牲品。

千年之后的今天，人们依旧在努力探索着压力山大的真正死因，但他的死仍是一个千古之谜。

第二章　中外名人之谜（上）

香妃是否实有其人

关于香妃有很多传说：香妃天生丽质，身有异香，美貌绝伦。她家世居南疆叶尔羌（今莎车），兄长因不满霍集占虐政，举家搬到伊犁。其兄在反对霍集占之乱中，心向清朝，立下功劳。他们受召，到了京师，后来长住在北京。香妃入宫，受到皇太后的喜爱和乾隆帝的宠幸，生活过得很幸福。香妃死后，乾隆闻讯，悲痛不已，恩准将香妃尸骨运回新疆喀什入葬。

还有一种说法是：香妃是乾隆年间平定回部大小和卓木叛乱时，被掳进皇宫的。乾隆因其貌美，且体有异香，而册封为香妃，并对她大加恩宠。但香妃矢志守节，随身怀刃，准备杀帝报仇。皇太后闻讯，召妃入宫，赐死，后葬到清东陵。蔡东藩《清史演义》、《清朝野史大观》以及金庸《书剑恩仇录》等书，所描写的故事大体雷同。戏剧《香妃恨》、《香妃》，以及20世纪50年代上演的《伊伯尔罕》等，也都是按照这个悲剧故事编写的。这个传说没有历史根据，丝毫不足取信，详见孟森的《香妃考实》。

　　许多野史笔记记载，1914 年，故宫古物陈列所在紫禁城内武英殿西侧的浴德堂，向中外游人展出了据说是出自郎世宁手笔的"香妃戎装像"，像下附有一篇绘声绘色的小传，大意云：香妃原是西域回部的王妃，姿色妙丽，生而体有异香，不需薰沐，因而被称为"香妃"。在兆惠率军西征时，乾隆帝专门嘱咐他务必弄个明白。后来，兆惠平定大小和卓之乱后，就将香妃带回京师。

　　著名的史学专家孟森教授于 1937 年经过考查，得出香妃就是乾隆皇帝的容妃的结论。但因为出示的证据不够充分，与传说中的香妃形象有很大的差别，因此人们对此事也是半信半疑。直到 1979 年 10 月，遵化清东陵文物保管所人员偶然来到了容妃的地宫。其中出土一批残碎物品，考证这批物品，并和传世的史料相对照，可以证实孟森教授所说的"香妃就是容妃"的结论是正确的。

　　原来容妃（香妃）出生在西域世世为回部长的和卓氏家族。"和卓"在波斯语中就是伊斯兰教首领的意思。容妃首次见于记载，是乾隆二十五年（1760）二月初四日，她被封为"和贵人"。就在这天，她新封贵人得到了一大批价值连城的金银绫缎珍珠宝物的详细清单，至今还完整地保存着。自此直到乾隆五十三年（1788）她死去，其间，每年她所获金珠宝器、海味山珍等赏赐的详细清单，也都全部地保存着。她在宫廷中度过了二十八个春秋。据清宫档案记载，她出生在雍正十二年（1734）的九月十五日，封"和贵人"时二十七岁，当时乾隆帝五十岁。旧史说，香妃进宫不几年即被太后赐死。其实，太后死于乾隆四十二年，比容妃早死了十一年，岂有将容妃赐死之理？不仅如此，而且，容妃在乾隆二十七年五月二十一日由贵人晋封为嫔，乾隆三十三年六月初五日由嫔晋封为妃，都是出自太后的懿旨。

容妃一入宫就跨越了"常在"和"答应"两级阶梯而直接被封为"贵人"，这说明了她在乾隆帝心中的地位。做贵人时，她每年得到赏银一百五十两，封嫔妃以后，每年赏银是三百两，为了庆祝她的四十寿辰和五十寿辰，乾隆帝两次都赏了她大量珍玩宝物和重达四百五十两的银元宝，她先后九次随侍乾隆帝前往风景秀丽的热河行宫避暑，并被带往木兰围场，观赏围猎时的壮阔场面，乾隆三十年，乾隆帝第四次南巡，容妃是随行的六位后妃之一。南达苏州、杭州，饱览了江南园林之美和湖山之胜，乾隆三十六年，她又随乾隆帝东巡，游历了东岳泰山，拜谒了曲阜孔庙，乾隆四十三年，乾隆帝拜谒满洲的龙兴之地——盛京，容妃已列为随行六位妃嫔的第二位。这次她参加了福陵、昭陵祭祀清朝缔造者努尔哈赤和皇太极的隆重典礼，并在盛京故宫的凤凰楼和崇政殿，与皇帝一起接受了诸王大臣的叩拜。

那么，香妃身上的"异香"，究竟是怎么回事？有些史家说，所谓香味，其实只是个人感官上的主观认定，未必跟大众认知的"香"的概念全然相符。因此，所谓"异香"其实只是她的体味！由于她从小饮羊奶长大，久而久之成为了她身上的一种独特的体味。当然也可能是她常洗"花草浴"或"奶浴"，或者喜欢搽抹一些具有特殊香气的高级脂粉之类。

从乾隆五十二年（公元 1787 年）十月开始，史书上又有了有关容妃的事迹。不过非常令人遗憾，这些记载并不是容妃身体健康、安然无恙之类的记述，而是说她重病在身。乾隆五十三年，容妃病逝。死后，以妃礼入葬。她是信仰伊斯兰教的，因而在棺木上特地刻上了《古兰经》的经文。

　　清朝皇帝的妃嫔本来是满、蒙、汉族都有。弘历有后妃36人，只有一名回妃。《中国野史大观》上记载香妃在宫中身藏匕首，最后遭到太后赐死，与史料不符。容妃死后葬在遵化清东陵的妃子寝园，也是确凿无疑的。传奇性的故事并不能真正代替历史，那么关于香妃的传说是什么人编造的呢？编造这一传奇故事的用意何在？这仍然是未解开的谜。

上官婉儿为何不记武则天灭族之仇

　　上官婉儿是一代才女。在唐高宗时，上官仪因议论废黜武则天而获罪，上官婉儿一家被武则天抄没，婉儿与母亲被投入皇宫为奴婢。然而上官婉儿一心服侍武则天，她为何就不记武则天的灭族之恨呢？

　　据说婉儿尚在母腹中时，其母梦中见大秤一杆，于是请教相士，相士掐指一算，惊呼："此子日后当称量天下。"待到婉儿出生，竟是一个女孩，大家都很失望，说相术骗人，无非为钱财而已，也就不再在意。等到婉儿祖父上官仪被武后杀害后，童年的婉儿与母亲郑氏被没入宫中为奴，本以为会暗无天日，可是等婉儿长成，她的才华开始在宫中显露出来。她博古通今，诗词文章犹为出色，甚至书法、数术、弈棋等无所不精。她的才名很快传到了武后的耳中并召见了她。当场面试时，小婉儿聪明伶俐，从容不迫，一挥而就，写了一首七言诗，其文辞精美，比起朝廷大臣们的腐儒酸调，可谓天上人间。尽管诗的字里行间不时透出对武则天的愤恨之情，可武则天并不计较，并感叹道："此女才智非凡，赛过须眉！"随后，她命上官婉儿离开掖庭，到她身边来当秘书。上官婉儿接到诏命，心里非常复杂，这个权力至上的女人，曾是杀死自己家人的仇人，害得自己和母亲沦落为奴，现在，她又要将自己从困境中解救出来，委以重任，而且是随侍身边的贴身秘书，憎恨、感激、恐惧各种滋味涌上心头，烦恼无比。但是一个月以后，她就成了武后最信任的贴身女官。武后讨厌批阅表奏，起草诏命，便把这些事都给婉儿处理，由此也正应了"称量天下"的预言。朝廷大臣们也竞相奔走其门下。从此，上官婉儿对武则天由仇视慢慢转为拥护。到中宗李显即位，上官婉儿更是大被信任，中宗被婉儿的才貌所迷，便将婉儿召幸，册封为婕妤，封其母郑氏为沛国夫人。但此时婉儿并不高兴。因嫌中宗懦弱无能，在武后晚年时，她开始与武三思私通，并在诏命封旨上推举武氏，抑制唐中宗。此时的上官婉儿已变得心机重重，她为了讨好皇后韦氏，将武三思让给了韦氏。

景云元年，韦后和安乐公主毒死中宗，立中宗年仅16岁的幼子李重茂为帝，韦后称太后，临朝听政，并派上官婉儿商请太平公主，想得到她的帮助。此事未果以后，韦后自当朝政，后来还想杀少帝李重茂和相王李旦，此事被相王第三子李隆基得知，他与太平公主合谋，联络羽林军冲入皇宫杀死韦后和安乐公主。李隆基后来诛其逆党时，上官婉儿受此牵连被杀了。"称量天下"的一代才女从此香消玉殒。

杨贵妃未被立为皇后之谜

杨贵妃，名玉环，号太真，弘农华阳（今陕西华阳东）人。杨玉环出于世代官宦之家，从小没有衣食柴米之虞，可以无忧无虑地抚琴吟唱，尽情歌舞，从小就受到了良好的艺术熏陶。杨玉环天生丽质，被誉为我国古代四大美人之一。

唐玄宗的女儿咸宜公主在洛阳举行婚礼，杨玉环也应邀参加。

咸阳公主之胞弟寿王李瑁对杨玉环一见钟情，唐玄宗在武惠妃的要求下当年就下诏册立她为寿王妃。婚后，两人甜美异常。

开元二十五年十二月初七，唐玄宗宠爱的武惠妃病逝，玄宗因此郁郁寡欢。在心腹宦官高力士的引荐下，唐玄宗把目光投向了和武惠妃相似的儿媳杨玉环。

而这时她已经嫁给寿王李瑁差不多五年了。但唐玄宗却不管这么多，他设计了一番表面文章，先是打着孝顺的旗号，说是要为自己的母亲窦太后荐福，便下诏令杨玉环出家做道士，并赐道号"太真"，命令杨玉环搬出了寿王府，住进了太真宫。然后，他将大臣韦昭训的女儿许配给寿王李瑁，并立为妃，以此来安抚寿王。五年之后杨玉环守戒期满，唐玄宗便下诏让杨玉环还俗，并接入宫中，正式册封为贵妃。

为博得她的欢心，唐玄宗对其要求千方百计地加以满足，不仅让她享尽荣华，连她的家人也都地位显赫，真可谓"一人得道，仙及鸡犬"。

但是为什么如此宠爱她的唐玄宗，只封她为贵妃，而不册封她为皇后呢？这一点比较奇怪，而且皇后的位子已虚悬多年了。而杨贵妃又为什么不恃宠向唐玄宗提出册立皇后的要求呢？

一来是从儿子手中抢来的贵妃毕竟有违伦理，虽然其时风俗开化，但伦理长情的主体还是存在的，让这么得来的妇人做了皇后显然无法"母仪天下"。二来是如果封杨玉环为皇后，势必将寿王李瑁心中压抑的怒气激发出来，到时候发生政变也很有可能。其三是杨贵妃得宠后仙及鸡犬，她的兄妹亲戚都得到了朝廷的重用，已经发展成一股庞大的政治力量，如果再封她为皇后，必将引起大臣的反对和权力的倾斜，这对维护稳定是很不利的，所以唐玄宗一直不肯封杨贵妃为皇后。

此外，还有一个重要的原因让唐玄宗不能封杨贵妃为皇后，这就是杨贵妃跟随唐玄宗后一直没有子嗣。至于杨贵妃为什么没有生育我们无从得知，但没有儿子肯定是封她为皇后的一大障碍，因为古代册立皇后是件非常重要的大事，要君臣参与，诏示天下，册立的皇后必须是懿德懿容，能起到垂范万众、母仪天下的作用，她所生的儿子也将被立为太子，日后继承大统。因此皇后与太子一般应当是母以子显或是子以母显的，但当时太子已立多年，而且成长正常，杨贵妃又迟迟没能生个儿子出来，所以就没有理由封她为皇后。如果霸王硬上弓，立杨贵妃为皇后，很可能引起太子、寿王李瑁甚至朝廷大臣的反对，发生宫廷政变，那样就得不偿失了，唐玄宗断然不会去冒这个险。

尽管杨贵妃未被立为皇后，但宫中称她为"娘子"，礼仪与皇后相同。以其当时的地位来看，实际就是六宫之主，对于"集三千宠爱于一身"的杨妃来说，恐怕立不立皇后都是一样的。

孝庄太后有没有下嫁多尔衮

　　纵观清朝300年，尤以清初最为混乱，疑案层出不穷，其中最为著名的要数清宫三大案了，它们分别是太后下嫁，顺治出家，雍正即位。而在这三大案中又以太后下嫁争议最多。

　　一种说法清太宗皇太极晏驾后，谁来继承王位成为了当时最为敏感的问题，满清贵族内部的斗争到了白热化的程度，以努尔哈赤14子多尔衮和以皇太极长子豪格为首的两大政治集团互不相让，甚至有爆发战争的危险，就在这时，当时还是妃子的孝庄文皇后找到了多尔衮，提出让多尔衮拥戴福临即位，作为条件之一就是多尔衮担任摄政王，多尔衮权衡利弊后，同意了孝庄文皇后的意见。但有人认为其中还有一个不可告人的秘密就是多尔衮与孝庄文皇后进行了一次权色交易。多尔衮少年得志，意气风发，但就是由一个弱点，好色，而且对她的嫂子孝庄文皇后尤其注意，甚至到了痴迷的程度。孝庄早就意识到了这一点，因此，在皇位继承的关键时刻使出杀手铜，一举成功，使自己的儿子福临成功地继承了皇位。

　　此后，多尔衮率兵打进北京，并控制了当时的军政大权，他已经不满足于偷偷摸摸，开始公开出入后宫禁地，而当时满族的习俗兄长死后弟弟可以娶嫂子，父亲死后儿子可以娶父亲的妾，因此对多尔衮的所作所为满洲贵族并不在意。而当时汉族的知识分子虽有在朝为官者但都人人自危。所以多尔衮和皇后的感情发展可以说完全没有阻碍。

《清朝野史大观》这样记载：多尔衮还以顺治的名义向天下颁布诏书：皇叔摄政王现在是单身，他的身份、地位和相貌，皆为国中第一人，太后非常愿意放弃自己的地位嫁给他。因此"太后下嫁"之说自明末清初即已流传，清末排满时重又复炽。

至于太后下嫁皇叔多尔衮，一直以来，史学界有着各种不同的看法。有的根本就不承认此事，有的说这件事是千真万确，也是符合满族传统的。满族入关前由奴隶制向封建制迅速过渡，但还保留着兄死则妻其嫂等遗俗，而且博尔济吉特氏既然要为自己的亲生儿子谋皇位，扩大政治势力是其必由之路，因此用新的联姻来扩大自己的势力还是符合情理的。至于下嫁时的规模怎样，有没有向天下颁发诏书，这还需要进一步的考证。一些颇具历史价值的史书确切地记载了这件事。清蒋良骐在《东华录》中记载说，多尔衮"自称皇父摄政王，又来到皇宫内院"。假如太后没有嫁给他，假如他没有以皇父的身份对待顺治帝，那么，他经常出入内院，恐怕是皇室宗亲所不能答应的。而且，多尔衮死后，朝廷破格追封他为诚敬义皇帝。

朝鲜《李朝实录》对此事也有记载。书中说，顺治六年二月，清廷曾派使臣到朝鲜递交国书。朝鲜国王李从见国书中将多尔衮称为皇父摄政王，便问道："贵国咨文中有皇父摄政王的称法，这是什么意思？"使臣回答："去掉'叔'字，是朝中可喜可贺的事啊。他和皇帝就成了一家人。"

还有一说法是，摄政王王多尔衮在逼死政敌豪格后，娶了豪格的福晋，来自科尔沁蒙古草原的博尔济吉特氏。但是民间却以讹传讹，传说当今皇太后，同样来自科尔沁的博尔济吉特氏下嫁多尔衮，文人们还写成文章，编造了种种传说，生动描绘了皇太后和摄政王的亲事。而且在 20 世纪 30 年代，明清史大师孟森著《太后下嫁考实》，力辩此事全无。也有学者认为张煌言诗，不能作为太后下嫁确证。其诗系远道之传闻，故国之口语，诗非信史，不足为凭。而蒋氏《东华录》所记"皇父"，是清君主对某个臣下的尊称，或是清世祖封多尔衮为"皇叔父"后以其定鼎功勋显著，无可进爵，乃以"皇父"为封。"皇父"之于皇帝仍为臣下。而满族旧俗有直呼尊者为父之例，多尔衮前封"皇叔父摄政王"，满文直译为"汗（君）的叔父父王"，因此这并不表明多尔衮为福临的皇父。

　　然而有趣的是，还有野史称，是前明降臣钱谦益向多尔衮提出皇太后下嫁的。多尔衮与小皇帝顺治一直关系不好，这对摄政王多尔衮来说一直骨鲠在喉。而此时多尔衮元妃去世，多尔衮郁郁寡欢。钱谦益就此向多尔衮说，"无非再娶，以慰悼亡"。就此即请皇太后下嫁多尔衮，使传言变现实，实至名归，另外这样也正好控制顺治。这一提议很快就得到了多数大臣的支持，而福临也碍于多尔衮的权势勉强同意。就这样，太后正式下嫁多尔衮为妻。而因此，孝庄死后，康熙等后代子孙因其丢了爱新觉罗家的脸面，将她葬在了清东陵陵区外。还有一种说法：《清圣祖实录》记载说，康熙二十六年十二月，孝庄文皇后得了重病，即将死去时，孝庄文皇后对康熙说："太宗文皇帝梓宫，安放在那里已很长时间了，不可因为我而去打扰太宗皇帝的安息。我迷恋你父皇、皇父及你，不忍远去，所以在附近选一块地安葬了就行了。这样，我也没什么可以遗憾的了。"满清讲究帝后合葬，显然，孝庄文皇后是觉得下嫁皇叔多尔衮，愧对太宗，于是就借口说不愿葬得太远，单独就近安葬。孝庄文皇后的要求不合情理，但作为孙子的康熙是亲耳听到孝庄文皇后的遗言的，当然得遵守，于是他把孝庄的灵柩停放在东陵。到了雍正继承皇位时，才将灵柩葬入东陵地宫。

究竟孝庄太后有没有下嫁多尔衮至今还众说纷纭，只待新的材料发现和新的研究工作展开，才能解开个中之谜。

<h2 style="text-align:center">赵高乱秦之谜</h2>

赵高是秦始皇和二世皇帝宠信的权臣，他声势显赫，一时权倾朝野。很多历史学家有这样的看法：秦朝的覆灭，与这个人物篡权误国多少有些关系。

中国历史上著名的史学大师司马迁在《史记·蒙恬列传》中写到了赵高的身世："赵高者，诸赵疏远属也。赵高昆弟数人，皆长隐宫，其母被刑戮，世世卑贱。秦王闻高强力，通于狱法，举以为中车府令。"

赵高为什么能平步青云地进入秦王朝中央政权机关呢？这是因为他"通于狱法"，这一点与"喜刑名之学"的秦始皇不谋而合，因而成为秦始皇的心腹。秦始皇出巡途中病重，便让赵高给公子扶苏发送诏书，"以兵属蒙恬，与丧会咸阳而葬"，即让扶苏继承皇位。但是诏书还没发出，秦始皇已死，李斯在赵高的威逼利诱下，同他一起伪造了遗诏，扶助胡亥为二世皇帝，赐公子扶苏自尽。接着，他千方百计陷害并杀死了掌握兵权的大将蒙恬和蒙毅。胡亥继承皇帝大位后，赵高又怂恿他"尽除去先帝之故臣"，结果赵高帮助胡亥除去了许多秦的宗室大臣，连李斯也难免一死。从此，秦朝的中央大权完全被赵高掌握。

关于赵高的身世，历来众说纷纭。清人赵翼在《除余丛考》卷四十一《赵高志在复仇》中曰："高本赵诸公子，痛其国为秦所灭，誓欲报仇……卒至杀秦子孙而亡其天下。则高以勾践事吴之心，为张良报韩之举，此又世论所及者了。"他自称，这种观念出自《史记索引》，得到许多人的共认，郭沫若先生主编的《中国史稿》第二册"秦末社会矛盾的激化"章节中就这个观点指出："赵高原是赵国远支宗室的后代，因其父犯罪被处宫刑，当了宦官……骗取了秦始皇的信任。"其实这种看法没能很好理解《史记》中所说的"生隐宫"。在今本《史记》三家注中有一段"索引"的记载说"盖其父犯宫刑"，指出并非是赵翼认为的"自宫以进"，以苦肉计进行报仇。另外，还有一种较新鲜的说法，认为赵高不是"宫人"，因为京剧传统剧目《宇宙峰》中有赵高逼自己的女儿嫁给二世这一出。

因此，有人认为赵翼的观点本意只不过是为了故作惊人之论，因为今本《史记》三家注中"索引"部分，并无这种内容。就算赵翼真见了什么"孤本秘籍"，此说也很难令人信服，因为这说法和《史记》原文大相径庭，而"索引"是唐人司马贞所作，其史料价值不能与《史记》并论。《史记·蒙恬列传》原文说赵高为"诸赵疏远属也"，并不是"赵诸公子"。因为"诸赵"一语，犹《史记》、《汉书》中常用"诸吕"、"诸窦"，"赵"乃姓氏，并非国名。而"诸赵"实际上指的是秦国王室。《史记》中记载得很明确："太史公曰：'秦之先为嬴姓……然秦以其先造父封赵城，为赵氏。'"《史记·秦始皇本纪》也指出："秦始皇及生，名为政，姓赵氏。"可见，所谓"诸赵疏远属也"乃指赵高是秦王室宗室，因而所谓"赵高乃赵诸公子，痛其国为秦所灭，誓欲报仇"之说是不能成立的。综上所述，赵高并非"痛其国为秦所灭，誓欲报仇"而乱秦政。事实上，赵高乱秦政的故事，只能供参考。如前秦王嘉（一说梁萧绮）撰《拾遗记》中记载一则故事说："秦王子婴立，凡百日，郎中令赵高谋杀之。"秦始皇的鬼魂在梦中对子婴说："余是天使也，以沙丘来。天下将乱，当有同姓欲相诛暴。"子婴因此"囚高于咸阳狱"。这故事以天道轮回为凭，胡编乱造，当然令人难以相信。

其实，就算赵高是赵国公子，他曾为"宫人"，他与秦二世胡亥加紧盘剥百姓，又任意诛灭异己，滥用刑戮，使社会矛盾迅速激化起来，将建立不久的秦王朝推向崩溃的边缘，这一重罪也令他难辞其咎。在这种形式下，只要有星星之火，就会形成燎原之势，曾经显赫一时的秦王朝就这样被陈胜、吴广领导的农民起义以排山倒海之势、雷霆万钧之力推翻了。

秦桧私通金国之谜

秦桧（公元 1090～1155 年），字会之，他与庆父、赵高、梁冀、董卓、来俊臣、李林甫、魏忠贤、和珅被誉为"中国历史十大奸臣"。南宋时期，他把持朝政，通敌叛国，残害忠良。尤其可鄙的是他以"莫须有"的罪名杀害了抗金名将岳飞，留下了千古骂名。据说在乾隆年间，状元秦大士曾写一副对联"人从宋后少名桧，我到坟前愧姓秦"，可见秦桧的臭名昭著。

秦桧是何时沦为金国的奸细的？据推测，靖康元年（公元1126年），他为金人掳获后，由囚徒沦为了内奸。秦桧在金的所作所为，今已无处可查。但是关于秦桧的南归，颇能说明问题。他自己说是"杀监己者奔舟而归"，对此当时人就很怀疑，但因有宰相范宗尹、知枢密院事李回的极力保荐，所以才被高宗接纳，最终令高宗对他深信不疑，并委以重任。绍兴初做过宰相的朱胜非在《秀水闲居录》中说："秦桧随敌北去，为大帅达赉（又名达懒、达兰，即完颜昌）任用，至是与其家得归。桧，王氏婿也。王仲山有别业在济南，金为取千缗其行，然全家来归，婢仆亦无损，人知其非逃归也。"另外有记载说，秦桧在金朝献和议书，当时金统治者赐他钱万贯、绢万匹。建炎四年，金朝攻楚州，秦桧竟然被允许用船将全家带回，不是奸细，能得金人如此恩宠？实情是，建炎三年，金兵南侵时，秦桧作为金太宗之弟挞懒的随军转运使同行。临行前，秦桧欲携其妻王氏南下，又恐挞懒不允，于是假装争吵，并故意让挞懒知晓，终于获准。而秦桧此番南下的重要任务就是诱使宋朝与金达成和议。

从金人那里也能找到秦桧投降金人的确凿证据。宋嘉定七年（金贞□二年），金宣宗为避蒙古的兵锋，迁都于南京（汴京），著作郎张师颜在《南迁录》中记载过此事，其中两处提及秦桧。一次是讨论是否迁都，直学士院孙大鼎在讲到迁都的必要性时说："天会八年（宋建炎四年）冬，诸大臣会于黑龙江之柳（御?）林，陈王悟室忧宋氏之再兴，其臣如张浚、赵鼎则志在复仇；韩世忠、吴则习知兵事，既不可以威服，复构怨之已深，势难先屈，欲诱以从，则阴纵秦桧以归。一如忠献之所料，及诛废其喜事贪功之将相，始定南疆北界之区划，然后方成和议，确定誓书，凡山东、淮北之民多流寓于江南，及杜充、张忠彦之家属悉令发还，盖惧在南或思归南，鼓煽摇惑，易以生隙，务令断绝，始无后患。"

还有一次在蒙古军攻陷复州、顺州时，被俘的金同知县赵子寅、督运天使张元应二人得以逃脱，他们回来后建议遣使向蒙古乞和，金宣宗下旨封赵子寅为直昭文馆，张元应为总天马飞龙十七监。权给事中兼知制诰孙大鼎封还录黄，奏曰："多事之世，士无常守，外顺内逆，惟利所在。子寅、元应之归，朝廷以其言遣使，遂以为诚，臣深疑之。自天统之中，至今三十年，北兵陷执官吏不知其几多，不知其存亡，传闻戮辱囚苦，皆是求死。独此二人忽然逃归，情态张皇，气貌不改，恐未必非敌之间。古事臣不必言，谨按国史，天会八年冬，诸大臣虑南宋君臣之刻苦于复仇，思有以止之，而势难于自屈。鲁王曰：'惟遣彼臣先归，因示空（恐）胁而使其臣顺。遵之，我佯不从，而勉强以听，感可以定。'忠献曰：'我军初到太原，孝纯见霍安国之使，使来迎降。即得太原，一鼓渡河。取洛阳。围大梁，皆由先取河东，彼此谁不怒之，仇之，如何得位得志？此事在我心中三年矣，只有一秦桧可用。桧初来说赵臣得人心，必将有所推立；不及半年，其言皆验。我喜其人，置之军中，试之以事，外拒而中委曲顺从。间语以利害，而桧始言南自南，北自北。'"上奏中的"只有一秦桧可用"、"而桧始言南自南，北自北"表明秦桧已死心塌地投降金朝了。

　　秦桧回到宋朝之后，由于得到高宗的宠信而官运亨通，直至占据宰相的高位。自此，秦桧独揽朝中大权，积极从事投降叛国活动。绍兴八年，他代表高宗拜受金朝诏书，接受"和议"，而后为了讨好金人，又以"谋反"之罪杀害了力主抗金的爱国将领岳飞。绍兴二十五年（公元1155年）十月，中国历史上臭名昭著的大汉奸秦桧病死临安，谥号"缪丑"。他的无耻行径使他成为千古罪人，为后人所唾弃。

民族英雄岳飞死因探秘

　　岳飞（公元1103~1142年），字鹏举，相州汤阴人，出身贫苦农民之家。联金灭辽时应募从军，曾在张所部任统制，并与王彦一起抗金。后随宗泽守东京，任都统。宗泽死后，他投身张浚部，并逐渐成为南宋重要的抗金将领，立下赫赫战功。建炎四年，收复建康（今江苏南京），绍兴四年，大败刘豫齐军，收复襄阳等六郡，封清远军节度使，后封为武昌开国侯，联络两河义军，部署北伐。绍兴八年底，他反对高宗与秦桧的议和，并上表提出"金人不可信，和好不可恃"。绍兴十年，郾城一战，大败兀术统率的金兵主力，收复颍昌、郑州、洛阳等重镇。在抗击金兵的战斗中，岳飞率领的"岳家军"常常以一当十，勇往直前，声威大震，甚至金军中都流传着"撼山易，撼岳家军难"的悲叹。可是，就在收复中原即将实现的大好形势下，宋高宗赵构却连发十二道金牌，下令收兵。

岳飞挥泪含恨退兵，不久以"莫须有"的罪名和他的儿子岳云及部将张宪被毒死于"风波亭"。

然而秦桧死后，赵构为秦桧制造的许多冤假错案平了反，但惟独对岳飞一案不肯昭雪。而且对许多大臣申请为岳飞平反的奏折不予理睬。

直到孝宗即位，冤案平反，岳飞墓才迁至景色秀丽的栖霞岭下。岳飞墓前，铸有两个跪着的铁人，即当时南宋的宰相秦桧夫妇。几百年来，到此悼念岳飞的人们都要唾骂奸臣秦桧。岳飞为秦桧所害，这似乎已成为不容置疑的铁案。

于是就有人认为杀死岳飞的人并不是秦桧，秦桧只不过是一枚棋子而已。真正的元凶是皇帝赵构。人们有以下猜测：第一：秦桧没有杀岳飞的权力。有人指出，当时秦桧虽然很受高宗的信任，但还没到摆布高宗地步，因此也不能为所欲为地恣意铲除异己。绍兴九年，秦桧正积极对金议和，枢密院编修官胡铨上书反对，并请求皇帝"斩秦桧之头挂诸街衢"。秦桧对此人恨之入骨，但也不敢任意杀害他。由此可知，对战功赫赫的岳飞，他更不可能擅自处置了。第二，金兵违背和议，一举攻占了河南地区，秦桧惶惶不可终日，深怕高宗因此迁怒于自己的议和政策，他此时惶恐不安，正是自保不足的时候，因此，他没胆子背着高宗杀害岳飞。需要说明的是，岳飞的狱案又称作"诏狱"，程序严密，外人无法插手。这样，即便秦桧权力再大，公开"矫诏"杀人也是不合情理的。第三，秦桧及刑部主审岳飞一案，曾上书定岳飞、张宪死罪，但并没有定岳云死罪。可上书赵构后，岳云也没能幸免于难。由此可见生杀大权还是在高宗之手。

其实宋高宗并非不知秦桧在他背后干的那些勾当，只是秦桧的作为和他的心思，这样高宗就不至于背上投敌的骂名。

赵构出于什么原因要害死自己倚为军事支柱的岳飞呢？而且宋太祖赵匡胤曾传下秘密誓约，规定后世子孙"不得杀士大夫及上书言事人"，"子孙有逾此誓者，天必殛之"。在北宋历朝，这条誓约执行得非常严格，赵构为何敢违约破例？这在认为赵构是杀害岳飞元凶的学者中存在着争议。

有的学者认为"帝之忌兄，而不欲其归"。高宗眼见岳飞一心要"迎二圣"，而徽、钦两帝一旦回来，自己的皇位就不保了。他害怕中原光复，因而杀了岳飞。另一部分学者则认为并不是"迎二圣"。赵构杀岳飞，主要原因是怕他在外久握重兵，跋扈难制，危及自己的统治，对武将的猜忌和防范，是赵宋王朝恪守不渝的家规。只要武将功大，官高而权重，就意味着对皇权构成威胁。岳飞个性刚强，"忠愤激烈，议论不挫于人"，不容易与人合作，绍兴七年（公元1137年），他上书奏请高宗立储："乞皇子出阁，以定臣心。"同年，他又因守母丧，未经高宗批准便自行解职，把兵权交给张宪。这两件事犯了高宗的大忌。再加上高宗曾在金营作人质，又有从扬州南渡等惊险经历，对金兵始终心存恐惧。对战争前景，他既怕全胜，又怕大败。胜则怕武将兵多，功高而权重，败则怕欲为临安布衣而不能。他想当个安安稳稳的太平皇帝，因此一心求和。所以，秦桧利用岳飞部下的告密来证明岳飞的跋扈，正好迎合了赵构害怕岳飞立盖世之功、挟震主之威的心理，加上岳飞又是反对和议最强烈的主战派，故而下令杀了岳飞。

其实高宗和秦桧只不过是互相利用罢了，秦桧利用高宗享受荣华富贵，高总利用秦桧当保全黄位的挡箭牌。

绍兴二十五年（1155 年），秦桧病重，他知道自己将不久于人世，便加紧策划让其子秦熺继丞相位。秦熺凭借秦桧的权势，先成为科举榜眼，接着一路高升，6 年之间就官至枢密院事，地位仅次于秦桧。高宗之所以容忍秦桧，是因为他还有利用的价值，如今秦桧将死，高宗当然不愿意看到另一个权相来威胁自己。十月，高宗亲临秦府探病，病榻旁的秦熺迫不及待地问："由谁代任宰相之职？"高宗冷冷地答道："这件事不是你应该问的！"这等于明确拒绝了秦熺继承相位的要求，秦桧父子的如意算盘落了空。次日，秦桧、其子秦熺、其孙秦埙和秦堪被一起免官。得知高宗的旨意，秦桧当夜一命呜呼。秦桧风光一世，终不过是高宗的一个棋子而已。当然，高宗利用这颗棋子利用得怎样还是有待讨论的。秦桧死了，赵构活着；秦桧一家都被免官，赵构仍在做他的皇帝。

从后世对秦桧做出的奸险狡诈的评价来看，高宗的计策算是成功了。只是可惜只成功了一半，赵构自己当然不能逃脱历史的法眼，最终被明确地指出：昏君一个。不听话的岳飞成了牺牲品，陪葬的还有大宋的大片江山。

由此看来，一代名将岳飞是死于宋高宗的手上。

郑和七下西洋之谜

郑和本姓马，小字三宝，云南昆阳人，出生于世代信奉伊斯兰教的回族家庭。郑和长相魁梧，博辩机智，"资貌才智，内侍中无与比者"，深得明成祖朱棣的信赖，是成祖的心腹。从明永乐三年（1405 年）到宣德八年（1433 年）的 28 年时间里，郑和带着明成祖朱棣的圣谕，率领由 200 艘大船和 2．8 万人组成的庞大特混舰队，开始了七下西洋的壮举。然而，由于郑和下西洋史料严重缺失，时至今日，这次壮举依然有很多谜团。

　　有人说，郑和远航是奉成祖朱棣之命，寻找建文帝，因为"靖难之变"后，建文帝朱允下落不明，朱棣为彻底去除建文帝卷土重来的可能，于是派郑和到海外寻找建文帝的踪迹。朱棣为何对朱允穷追不舍呢？原来，明代开国皇帝朱元璋生有 26 个儿子，尤其钟爱长子朱标和四子朱棣。但按祖制，皇权应以正统世袭，所以当朱标死后，皇位便由朱标之子朱允文继承，年号为"建文"。

　　此时弱君在朝，强藩在外，建文帝对握有军政大权的叔辈藩王疑心重重，相继废削周王、齐王、代王、岷王等藩王职权。燕王朱棣惟恐自己被废，借口"朝无正臣，内有奸恶"，起兵谋反，号称"靖难"。经过四年的较量，朱棣取胜，攻占了南京，登上皇位，迁都北京，称"明成祖"，改年号为"永乐"。建文帝却从此不知去向。叔父夺了侄儿的皇权，是有"篡位"之名的，而名正言顺的皇帝在世并且出逃，能让朱棣稳坐龙椅么？于是，他发布诏书，假称建文帝已死，以安定民心，同时派人四处秘访建文帝的下落。近年来，有的学者考证说，为了寻找建文帝，郑和不但下西洋，而且三次东渡扶桑，到日本去过。

　　也有人说是为了示富，《明史·郑和传》这样解释郑和下西洋的原因："……且欲耀兵异域，示中国富强，永乐三年六月命和……通使西洋。"但是，很多专家认为，用这样一句话来概括郑和下西洋的目的远远不够。他们认为，明朝的国力在世界上居于领先地位，而宋、元以来造船、航海等技术的发展，使当时已经具备实现远洋航海探险的条件，正是"永乐盛世"的物质基础，以及明成祖一心要成为"盛世名王"的理想，使得他渴望加强国际交往，才促成了郑和下西洋的壮举。而推行天朝礼制体系是郑和下西洋的核心使命。七下西洋是明成祖按儒家理想建立天下格局的重要措施。

有人说，郑和航海是以政治目的为主，欲造成万国来朝的盛世局面，稳固明朝政权，瓦解政敌势力。据分析，郑和航海前三次，与东南亚、南亚沿海诸国建立了一种国际和平局势；后四次则向南亚以西的未知世界探访。开辟了新航路，使海外远国都"宾服中国"。应该说，这个目的也达到了。

还有人说，郑和航海是以经济目的为主。船队远航既可以满足明朝官方对外贸易上扩大市场的要求，又可沟通西洋大国对明朝的"朝贡贸易"，藉此增加财源，弥补财政亏损。当时，明代中国已被纳入世界贸易体系，和亚非几十个国家进行了贸易往来，不但明朝官府、周边国家，甚至沿海官绅百姓都从中获得了巨大的经济利益。

还有人说，郑和七下西洋，每次出航，明成祖交给他的任务都是不相同的。尚钺的《中国历史钢要》认为，15世纪，帖木儿帝国出现于中西亚，永乐二年（公元1404年）十一月，帖木儿带领千军万马侵犯明朝，但于永乐三年（公元1405年）二月亡于路上，所以同年六月成祖派郑和远渡重洋，可能是为了联络外邦共同对付帖木儿帝国，使它没有时间入犯，后六次则是为了开辟一条新航海路线，以便容易地与国外进行贸易。李光壁的《明朝史略》赞成郑和后六次的使命如尚钺所述，同时又指出郑和首次西下则带有扩大贸易、提高"威望"、联络印度等国的三重任务。郑鹤声、郑一均在《郑和下西洋简论》中认为，郑和前三次下西洋，其目的是同亚非三十多个国家结盟，顺便打听朱允的下落，后四次则是为宣扬"国威"。

综上所述，郑和下西洋的真实目的到底是什么，仍众说纷纭，相信随着学界的进一步探索，终会真相大白的。

吴三桂降清疑点颇多

明崇祯十七年（公元 1644 年）三月十九日，李自成率领的农民起义军攻陷了明朝统治下的北京，崇祯在煤山自缢，明山海关总兵吴三桂在增援途中闻讯后，仓皇逃回山海关。李自成亲率大军开赴山海关，想以武力逼降吴三桂，吴三桂非常害怕，便向清朝求援。当李、吴两军在山海关前展开血战之时，清朝的精骑突然杀出，农民军毫无防备，惨败而归，从此一蹶不振。由于史书中的种种记载，史学界一直瞩目吴三桂引清军入关镇压农民起义这一事件，人们一直认为吴三桂此举便是投降了清朝。但近年有人认为，吴三桂引清军入关并不是表明他投降了清朝，并提出了种种证据。这一说法使似乎让本已盖棺定论的问题重又成为历史谜团。

当时，天下的局势是这样的：在占领中原大部分地区和京城的大顺国李自成势力、在盛京已经称帝建立清朝的满族势力、在南方的明朝残留势力和张献忠等其他农民起义军之间，李自成是公认的新王朝皇帝的头号热门人选，他的大顺朝也正在招降纳叛，接收江山。但是清王朝的大军具有同李自成争夺天下的实力。而阻隔在两者之间的就是吴三桂那一大摊子人。

有关吴三桂投降有段这样的记载：《明史》："初，三桂奉诏入援，至山海关，京师陷，犹豫不进。自成劫其父襄，作书招之，三桂欲降。至滦州，闻爱姬陈沅被刘宗敏掠去，愤甚，疾归山海，袭破贼将。"，就是说吴三桂起初答应了大顺王朝的投降，并且已经带兵走上归降之路了。看到大势已去，实力远逊于李自成农民军的吴三桂投降了新朝大顺，是很自然的选择。这也是绝大多数明朝官员的做法。当时在北京的明朝官员有近四万人。城破之时，慷慨赴死的只有三十余人。绝大多数人抱着在新朝做新官的态度迎接了起义军。

还有人把吴三桂降而复叛的原因归结为爱妾陈沅（即陈圆圆）被农民军大将刘宗敏掠去了。举着白旗的吴三桂大军走到滦州的时候，见到了一位从北京逃脱的家人，知道爱妾陈圆圆被他人抢走。夺妻之恨让吴三桂勃然大怒，率军掉头反攻山海关（山海关的留守明军投降了李自成），夺取关隘后，全军为崇祯皇帝戴孝，以明朝残余自居，走上了与李自成兵戎相见的路程。

吴三桂的这个反复，完全归咎于农民军抢走陈圆圆是不够的。久经沙场、宦海沉浮的吴三桂断然不会因为一个女人，拿名节、军队乃至国家命运来赌气。一开始，吴三桂就不是死心塌地地投降李自成，只是为了自保。但是起义军做法太过激反了吴三桂，先是扣押了吴襄，再是抢走了吴三桂的小老婆陈沅。吴氏家族的利益已经受到了极大损害，吴三桂还没投降就仿佛看到了自己的悲惨遭遇。

他很自然想到明朝残余还控制着淮河以南地区，包括数十万军队和旧都南京。鹿死谁手，还不一定呢！如果自己能在山海关配合南方剿灭李自成，那就是再造明朝的大功臣了。主客观两方面原因，促使吴三桂回师山海关。

有人说，吴三桂想做"石敬瑭第二"，他要用山海关向满清换取荣华富贵。这是不对的。吴三桂的确主动和多尔衮联系了，他的如意算盘是借助清朝铁骑来抵抗农民军的进攻——李自成的军力实在太强了，吴三桂必须借助外力。清朝官方说吴三桂是"遣人东乞王师"。可见，清朝也承认吴三桂最先是来接洽"求援"的，不是投降。在信中，吴三桂坦言要复兴明朝，请清朝出兵相助。他说："三桂自率所部，合兵以抵都门，灭流寇于宫廷，示大义于中国。则我朝之报北朝岂惟财帛，将裂地以酬，不敢食言。"吴三桂夸口事成之后报答清朝的除了财富，更不惜割让土地。

李自成获悉吴三桂叛变，意识到情况严重，一面以吴襄的名义写信规劝吴三桂，麻痹敌方；一面作好武力解决的准备，出兵平叛。他很快亲率近五十万大军，扑向山海关。李自成此举推动了吴三桂由向满清"借兵"转为"投降"。向山海关进发的农民军裹胁着明朝太子朱慈烺、永王、定王、晋王、秦王和吴襄。在封建伦理上，依然以明臣自居的吴三桂很难抗拒这样的阵势。在大顺军的猛烈进攻下，吴部大败，几乎被压缩在长城一条线上，局势危如累卵。

不管吴三桂有没有料到李自成这么"重视"自己，他被压制得动弹不得，接近身败族灭的厄运。危急时刻，出使清朝的使节带来了"救命稻草"，清朝同意出兵，但不是"借师"而是要求吴三桂先接受清朝"平西王"的封号才出兵。也就是说，清朝不把吴三桂当作对等的合作伙伴，而是要他接受收编作清朝的奴才，吴三桂已经没有了选择的余地，手中没有任何讨价还价的砝码、在死亡线上苦撑的吴三桂慌忙带领亲信多人到多尔衮面前称臣迎降。生的渴望压倒了其他考虑，一个明朝名将从此定格为了清朝的平西王。关内大顺军与吴三桂军酣战正急，逐渐取得了优势。突然，清军铁骑驰入，万马奔跃，矢石如雨，大顺军慌忙迎战。两派三方战成一团，大顺军渐渐不敌。观战李自成没有预料到吴三桂这么快就与清军合兵，知道形势不可挽救，驱马后撤。大顺军随之溃回北京。清军也受到沉重打击，追击后缩回山海关休整。自此以后，吴三桂便成为清朝的将军。

否认吴三桂"降清"的人则认为，北京失守后，形成了三股较强的政治势力并存的局面，即吴三桂、农民军、清王朝。而夹在这两股势力中间的吴三桂势力最弱，因此他能走的路只有两条：要么抗清，要么镇压农民军，考虑到其父亲被农民军扣押、爱妾受辱，为报此仇，吴三桂选择了联合清朝的道路，但这并不能说明他投降清朝。主要理由如下：

第一，吴三桂一贯抗清的态度决定了他不会轻易降清。在任辽东宁远总兵期间，吴三桂曾多次参加抗清斗争，甚至在明清松锦战役后，明军明显处于下风的情况下，他的态度仍很坚决。吴三桂对明朝降清的劝降函都"答书不从"。

第二，多尔衮在山海关战后加强了对吴三桂的控制可以证明吴三桂未降。史载，多尔衮在山海关之战胜利的当天，玩弄权术，封吴三桂为平西王，又将一万步兵交给吴三桂。这说明吴三桂受到了多尔衮的拉拢和控制。

　　第三，山海关战后发表的檄文证明其未降。清军与吴三桂乘胜追击，吴三桂提出了"周命未改，汉德可恩"、"试看赤县之归心，仍是朱家之正统"的口号，如吴三桂已降，也不会发布这样的檄文，清廷也不会允许他这样做。

　　第四，在山海关一役后，在攻陷北京前后吴三桂欲立朱明太子的行动证明其未降。李自成败退永平，吴三桂提出"约自成回军，速离京城，吾将奉太子即位"，又"传帖至今，言义兵不日入城，凡我臣民为先帝服丧，整备迎候东宫"，可是"多尔衮命其西行追贼"的策略打乱了吴三桂的如意算盘。吴三桂因其势力太弱，只得听从了多尔衮。

　　第五，暗中积蓄实力以反清复明也可证明吴三桂未降。他一边广招贤才，暗布党羽，"阴养天下骁健，收忍荆楚奇才"，一边厉兵秣马，为将来的战争"殖货财"。他之所以没有实现反清复明的愿望，是因为清政治统治的日渐强大使"反清复明"的旗帜没有了号召力。而吴三桂是否降清这一历史问题已不能用后来的历史进程说明了。

清代名将年羹尧被雍正赐死之谜

　　年羹尧，字亮工，康熙三十九年（公元1692年）进士。为人聪敏、豁达、娴辞令，善墨翰，办事能力亦极强。后受到雍亲王的重用，各皇储争夺皇位时，他利用自己的精明才干，时时向主子出谋献策，奔波游说，深受青睐，更使主子高兴的是，年氏将自己的亲妹妹献给了他，以示忠诚，那时，主仆二人曾发誓，死生不相背负，从此交情更加深厚。君有情，臣有意，再加上年氏的才能，官阶越升越高，不到十年即升为四川巡抚，接着，又升为川陕总督，独掌军政大权，成为雍正心腹。

然而，雍正三年（1725 年）三月，出现了"日月合璧，五星联珠"的所谓"祥瑞"，群臣称贺，年羹尧也上贺表称颂雍正夙兴夜寐，励精图治。但表中字迹潦草，又一时疏忽把"朝乾夕惕"误写为"夕惕朝乾"。雍正抓住这个把柄借题发挥，说年羹尧本来不是一个办事粗心的人，这次是故意不把"朝乾夕惕"四个字"归之于朕耳"。并认为这是他"自恃己功，显露不敬之意"，所以对他在青海立的战功，"亦在朕许与不许之间"。接着雍正更换了四川和陕西的官员，先将年羹尧的亲信甘肃巡抚胡期恒革职，署理四川提督纳泰调回京，使其不能在任所作乱。四月，解除年羹尧川陕总督职，命他交出抚远大将军印，调任杭州将军。最后一步是勒令年羹尧自裁。年羹尧调职后，内外官员更加看清形势，纷纷揭发其罪状。雍正以俯从群臣所请为名，尽削年羹尧官职，并于当年九月下令捕拿年羹尧押送北京会审。十二月，朝廷议政大臣向雍正提交审判结果，给年羹尧开列 92 款大罪，请求立正典刑。其罪状分别是：大逆罪 5 条，欺罔罪 9 条，僭越罪 16 条，狂悖罪 13 条，专擅罪 6 条，忌刻罪 6 条，残忍罪 4 条，贪婪罪 18 条，侵蚀罪 15 条。

雍正说，这 92 款中应服极刑及立斩的就有 30 多条，但念及年羹尧功勋卓著、名噪一时，"年大将军"的威名举国皆知，如果对其加以刑诛，恐怕天下人心不服，自己也难免要背上心狠手辣、杀戮功臣的恶名，于是表示开恩，赐其狱中自裁。年羹尧父兄族中任官者俱革职，嫡亲子孙发遣边地充军，家产抄没入官。叱咤一时的年大将军以身败名裂、家破人亡告终。

年氏手握重权，荣立青海大功，君臣之间，无猜无疑，如雍正所谓"千古君臣知遇榜样"。但七月中旬后，尤其是陛见抵署以后，即十二月初，雍正使出浑身解数开始置年氏于死地，雍正为什么转变得这么快？年氏的死因究竟是如何呢？一些人认为这与雍正夺嫡有关，故杀知情者。不光是稗官野史，学者孟森的《清代史》、王钟翰的《清世宗夺嫡考实》（《燕京学报》36 期，1946 年 6 月）都持此说。据说康熙临终时指定 14 子胤祯嗣位，皇四子串通年羹尧、鄂尔泰、隆科多，矫诏篡立。其时 14 子胤祯在四川为抚远大将军，原可挥兵争位，然受制于川督年羹尧，遂无能为力。新君立后，为酬羹尧拥立之功，大加恩赏，然这不过是"迷汤"，实则对这些知情者已存杀心，最后终杀之。有些人不同意此说。认为雍正初羹尧受宠，并非雍正先笼络而后杀之之由，而是皇帝对他效忠辅弼的奖励。他为其藩邸旧属，又有郎舅之亲，故常对他恩赏有加，这决非对他灌"迷汤"。且雍正继位时，他还在川平乱，未参与焉，何以得知内情？故上说不能成立。《清史稿》、《清代七百名人传》等作者，都认为年羹尧是恃功自傲以致被杀。

有的研究者认为，年羹尧被杀是由于他恃功骄傲、专权跋扈、乱劾贤吏和苛待部下，引起朝野上下公愤。更严重的是，他任人唯亲，在军中及川陕用人自专，称为"年选"，形成庞大的年羹尧集团。而且，他在皇帝面前"无人臣礼"，藐视并进而威胁皇权，甚至有自立为帝之心。年羹尧在西安总督府时，令文武官员逢五、逢十在辕门做班，辕门、鼓厅画上四爪龙，吹鼓手着蟒袍，与宫廷相似。他还令雍正帝派来的侍卫前引后随，牵马坠蹬。按清代制度，凡上谕到达地方，地方大员须迎诏，行三跪九叩全礼，跪请圣安，但雍正帝恩诏两次到西宁，年羹尧竟"不行宣读晓谕"。他在与督抚、将军往来的咨文中，擅用令谕，语气模仿皇帝。更有甚者，他曾向雍正帝进呈其出资刻印的《陆宣公奏议》，雍正帝欲为此亲撰序言，但年羹尧以不敢"上烦圣心"为借口，代雍正帝拟就序言，要雍正帝颁布天下，如此僭越无度，雍正帝能不寒心！《清代轶闻》说年羹尧被削兵权后，"当时其幕客有劝其叛者，年默然久之，夜观天象，浩然长叹曰：'不谐矣，'始改就臣节"。可见他还曾有过叛清自立之心，只因天象不谐才作罢。乾隆时人萧奭在《永宪录》中提及，年羹尧与静一道人、占象人邹鲁密议称帝之事，一旦为雍正帝察觉，其被杀就不足为怪了。

年羹尧成败之速，异于寻常，对于其死因的种种说法，人们到现在还是难辨真假，难怪被史学家列为"雍正八案"的首案。

西汉大将军李陵投降匈奴之谜

李陵，字少卿，陇西成纪（今甘肃秦安）人，飞将军李广的孙子。年轻时为侍中建章监。

天汉二年（公元前99年），李陵向汉武帝请求攻打匈奴，收复国土。汉武帝很欣赏他这种勇气，就准奏了这次军事行动。

李陵于这年九月率五千人从居延出发，经过了三十天的长途跋涉，到达浚稽山（约在阿尔泰山脉中段），在山下遇到了匈奴的军队。单于用三万大军包围了李陵军，李陵命令前队的人拿盾和戟，后队的人都持弓弩。他下令："听到鼓声就向前冲，听到锣声就停止。"匈奴见汉军少，就一直向前挺进。李陵指挥弓弩手，千弩齐发，单于的士兵倾刻间死伤一大片，匈奴兵顿时大乱，急急忙忙向山上逃跑。汉军乘胜追击，杀死匈奴数千人。

就在这节骨眼上，李陵军中有一个叫管敢的兵士，被李陵的校尉韩延年辱骂，一气之下跑去向匈奴投降。他还向匈奴讨好，对单于说："李陵的军队没有后备支援，弓矢也快用完了。"管敢还把李陵的排兵布阵告诉了单于。

由于单于洞悉了李陵的虚实，知道他是孤军作战，便放心大胆起来。他还按照管敢的主意，用许多骑兵攻打李陵。李陵率汉军向南走，还没有到汗山，弓矢都用光了，汉军被单于困在峡谷中。单于乘机用垒石攻打，汉军死伤惨重。最后致使李陵被擒。此时，边关便报李陵降敌。

汉武帝听说这件事后，十分恼怒。武帝扫视群臣，竟无一人替李陵辩解，都大骂李陵。单单太史令司马迁挺身而出，对皇上说："李陵这个人诚实而讲求信义，他为国家常常奋不顾身。现在他处境不幸，我们应同情他。况且，李陵只带步兵五千人，面对匈奴八万大军，转战千里，弹尽粮绝，赤手空拳同敌人拼搏。这种勇往直前、无所畏惧的精神，即使古代名将也不过如此而已。他现在身陷匈奴，但是全天下的人都知晓他的战绩，他不死，估计是还想再为汉朝立功。"

谁知司马迁的一番话，非但没打动皇上的心，皇上反而定司马迁"为陵游说"之罪，处以宫刑。从此，司马迁打消了仕进的念头，忍辱负重，专心致志撰写《史记》，以此来宣泄自己心中的愤懑。

那么李陵为什么向匈奴投降呢？事实是李陵在匈奴数年杳无音信，皇上派公孙敖带兵去设法抢回李陵。公孙敖去匈奴后无功而返，为了回复皇上、完成任务，他带回了关于李陵的消息，他说："听说李陵在那边训练匈奴兵，要攻打汉朝。"而这个消息却给李陵一家带来灭门的灾难。

皇上听到这个消息后，大发雷霆，命人把李陵母亲、李陵弟弟及李陵的妻儿都杀了。其实，替匈奴训练士兵的人是李绪，一位早年投降匈奴的汉都尉，公孙敖显然是张冠李戴了。

就在李陵投降匈奴的前一年，苏武出使匈奴被扣。后来，李陵宴请苏武，李陵给苏武斟满酒说："你不降匈奴，忍辱负重，名扬天下，功劳盖世。"李陵推心置腹地告诉苏武说："我投降的目的原本是想找机会劫持单于，为国家效劳。却不料汉皇不了解我的心志，杀了我的老母和妻儿，绝了我的归路。"苏武说："过去，我深知老友的为人处世的态度，但现在你的处境不同过去，是非功过，也只好由人们去评说。但是我决不能做对不起国家的事。"李陵听苏武说完后，长叹一声："比起苏君来，我这个人真如粪土一般。"说罢，热泪纵横，起身吟唱了一首《别歌》："径万里兮度沙漠，为君将兮奋匈奴。路穷绝兮矢刃摧，士众灭兮名已颓。老母已死，虽欲报恩将安归！"

一曲歌罢，李陵朝着南方跪拜不起，苏武望着他，叹息不止。这就是李陵"身在异族心在汉"的故事。

西施最后的归宿如何

我国古代"四大美女"之首的西施，是春秋末期越国的一名浣纱女，有闭月羞花、沉鱼落雁之貌，之所以能名见史册，是因为她不幸成为两个国家斗争的主角，吴王夫差对之宠幸有加，也因为她对越国放松了警惕最终被越国打败。

那么西施的结局如何？早期的史书所记录的，都是一代红颜薄命的下场，立了功却最终被越王装进皮袋沉到江里。《墨子·亲士》篇就说："西施之沈（"沉"，古作"沈"），其美也。"《太平御览》引东汉赵晔所撰《吴越春秋》中有关西施的记载说："吴亡后，越浮西施于江，随鸱夷以终。"这里的"浮"字也是"沉"的意思。"鸱夷"，就是皮袋。这与上述记载相同。另外，唐代诗人皮日休也有《馆娃宫怀古》五首，第五首是："响廊中金玉步，采苹山上绮罗身；不知水葬今何处，溪月弯弯欲效颦。"绝色美女的生命之所以逐浪花而去，是因为往往被政治家用作"美人计"，成为男人争权夺利的牺牲品。而在事情大功告成之时，也就是这些薄命女子的寿终之日了。

这些记载均说西施最后被沉于水。传说勾践灭吴后，他的夫人偷偷地叫人骗出西施，将石头绑在西施身上，尔后沉入大海。但这只是个传说。

还有一种说法，这种说法也是十分风行，最早它见于东汉袁康的《越绝书》。里面记载说，"吴亡后，西施复归范蠡，同泛五湖而去"。而明代胡应麟的《少室山房笔丛》也有类似说法，认为西施原是范蠡的情人或妻子，吴国覆亡后，范蠡带着西施隐居起来。明代的陈耀文《正杨》卷二《西施》也引用《越绝书》认为西施跟随范蠡隐居。民间还有一些纪念范蠡与西施爱情的场所。说是在范蠡送西施去吴国途中，二人情难自抑，双宿双栖，生下一子。等他们一路磨蹭到吴国时，孩子已能张嘴说话。至今吴越间还有一"爱子亭"，用于纪念范蠡与西施的爱情结晶。只不过令人遗憾的是，传说中这个孩子后来送给别人抚养就再也没有找回。

更有甚者：善良的人们并不希望西施这位无辜的弱女子有个悲惨结局，于是找出初唐诗人宋之问《浣纱》诗："一朝还旧都，靓妆寻若耶；鸟惊人松梦，鱼沉畏荷花"为依据，认为吴亡后西施回到故乡，在一次浣纱时，不慎落水而死。此说似乎最理想，可是最缺乏证据。

《史记》中《越王勾践世家》与《货殖列传》都提到范蠡却没有提起西施，就更不用说她和范蠡有什么关系。是司马迁没有看到这方面的记载，没有听到这方面的传说，还是司马迁特意不写进去，今天就无从知晓了。因此有关西施的结局众说纷纭。是被沉于水，或者跟随范蠡归隐于西湖，或者还有其他什么结局，这仍是有待探索的谜。

王昭君出塞之谜

王昭君是因"出塞和亲"而在历史上留下显赫声名的。但对她为何出塞匈奴的原因却历来众说纷纭，贬褒不一。

有人认为昭君出塞是自"请掖庭令求行"，也就是是出于自愿前往而不是被迫的。她之所以要自愿出塞，是因为"入宫数岁，不得见御，积悲怨"，于是利用出塞的机会，主动要求离汉宫而去匈奴，藉机解脱了只有寂寞老死于汉官的死悲结局。

王昭君初入宫廷，第一不懂这些规矩，因而没有准备这笔贿金；二来觉得自己天生美貌，不怕皇上不召见。据说，画工毛延寿在画王昭君的眼睛时，便开口说："画人的传神之笔在于点睛，是一点千金呀！"对毛的暗示昭君虽心领神会，但没有买他的账，反而讥讽了他几句，毛延寿见她如此傲慢，便把那点该点到昭君眼睛上的丹青点到了她的脸上。多了这么一点，王昭君因而苦守了不知多少时光。

这时，恰好匈奴呼韩邪单于来朝，要与汉人和亲。王昭君久居深宫，觉得面见圣上无望，积怨甚深，便主动要求离汉宫去匈奴。汉元帝原想她毫无姿色，因此同意了她的要求。

到了呼韩邪单于与昭君离开的那一天，汉元帝见王昭君丰容盛饰，美冠汉宫，不禁大吃一惊。他本想留下她，可是怕与人失信，只好忍痛割爱，让王昭君出塞和亲。据传，后来汉元帝对画工毛延寿大为恼火，想要杀掉毛延寿等画工。

还有人认为，王昭君之所以出塞，是毛延寿设下的救国计策。据传，王昭君以良家女被选入宫中后，宫庭画师毛延寿见其貌美非凡，生怕已经沉恋于女色的汉元帝更不能自拔而误国，于是在画王昭君的肖像时，有意把她丑化了。汉元帝未能察觉。后来呼韩邪入朝求汉女为妻，汉元帝按"图"选宫中丑女，于是"以昭君行"。

当后来见到昭君其丰容盛饰，明汉宫的真面目时，曾想反悔，无奈君主出言，驷马难追，只好忍痛割爱。历史上的一些文人据此还认为毛延寿此举实在高明。汉元帝好色，如果不把王昭君送出去，她有朝一日得宠，就会变成妲己式的人物，到时误国殃民，后患无穷。按此说，毛延寿成了于历史有功的忠臣和好人了。

据正史记载，王昭君出塞和亲，对汉边疆的安宁起了良好的作用。《汉书·匈奴传》载："昭君，赐单于，号宁胡阏氏，生一男伊屠智牙师，为右日逐王。"呼韩邪死，立雕陶莫皋为复株累若提单于，"复妻王昭君，生二女：长女云为须卜居次，小女为须卜居次。"王莽秉政时，曾"令遣王昭君女须卜居次云入侍"。

从这些记载中可以看出，昭君出塞和亲，在呼韩邪父子当政时期，汉匈关系和睦，这说明这宗政治联婚还是有积极意义的。

但也有人认为，汉室谋臣如云，猛将如雨，用妇人去安邦息事，实在是有伤国体。有诗说："当年遗恨王昭君，玉貌冰肤染胡尘。边塞未安嫔侮虏，朝廷何事拜功臣……"汉朝当时外戚宦官专权，王昭君"为不救苍生离水火"而出塞，这是作为一个普通妇人能对国家和人民的最大奉献了。

王昭君的一生虽然给我们留下了许多未解之谜，但是，她作为我国古代"四大美人"之一，她的故事广为流传，人们或对她同情，或对她崇敬，都表明了她在历史上的极大影响和人们对她的褒扬。

杨贵妃死亡之谜

杨贵妃（719－756），名玉环，华阴人，后随家迁至永乐县（今山西芮城）。自小习音律，善歌舞，姿色超群。她原为玄宗第18子寿王之妃，后经大臣推荐，唐玄宗见她有倾城倾国之色，后招入宫做女官，天宝四年封为贵妃，从此杨门一族权贵显赫。天宝十五年安禄山起兵造反，沉迷于酒色歌舞之中的唐玄宗仓皇南逃。途经马嵬坡，大将玄礼和部下认为杨家祸国殃民，怒杀杨国忠，迫使玄宗赐杨玉环自缢。杨贵妃于公元756年7月15日（唐天宝十五年六月十四日）被迫自缢。终年38岁。

杨贵妃是中国古代四大美人之一，她的逸闻趣事引起文人墨客诸多感慨。晚唐诗人罗隐在平乱返长安途径马嵬坡时作诗："马嵬杨柳绿依依，又见鸾舆幸蜀归。泉下阿环应有语，这回休更罪杨妃。"清人赵长令有诗云："不信曲江信禄山，渔阳鼙鼓震亲关；祸端自是君王起，倾国何须怨玉环。"

历代文人骚客在描写她和唐玄宗李隆基的宫廷爱情生活方面，真可谓呕心沥血，不异笔墨！但是，对于杨贵妃的死因，则说法不一，至今还是一个谜。

蜀江水碧蜀山青，圣主朝朝暮暮情。行宫见月伤心色，夜雨闻铃肠断声。天旋地转回龙驭，到此踯躅不能去。马嵬坡下泥土中，不见玉颜空死处。

中唐大诗人白居易的《长恨歌》在给人以美妙的艺术享受的同

时，也着实令许多人痴迷，更令许多人想入非非，有些好事者就此诗而断言杨贵妃没有死在马嵬坡。民间有个说法，杨玉环当了女道士。

这种说法，在当时就已经有了。如白居易《长恨歌》中记载："无旋地转回龙驭，到此踌躇不能去。马嵬坡下泥土中，不见玉颜空死处。"说的是平叛后玄宗由蜀返长安，途经杨贵妃缢死处，踌躇不前，舍不得离开，但在马嵬坡的泥土中已见不到她的尸骨。后来又差方士寻找，"上穷碧落下黄泉，两处茫茫皆不见"。白居易在这里暗示贵妃既未仙去，也未命归黄泉仍在人间。后来一些学者认为，根据白居易《长恨歌》所述，杨贵妃当是流落到了"玉妃太真院"（即女道士院），唐时女道士院实质与青楼无异，此时她已落花飘零了，这对玄宗说来真可谓"此恨绵绵无绝期"了。俞平伯先生从 20 年代末期在《小说月报》第 20 卷 2 号上发表的《＜长恨歌＞及＜长恨歌＞的传疑》一文起，直到解放后，一直坚持这一观点。

有人说，杨玉环可能死于佛堂。《旧唐书·杨贵妃传》记载：禁军将领陈玄礼等杀了杨国忠父子之后，认为"贼本尚在"，请求再杀杨贵妃以免后患。唐玄宗无奈，与贵妃诀别，"遂缢死于佛室"。《资治通鉴·唐纪》记载：唐玄宗是命太监高力士把杨贵妃带到佛堂缢死的。《唐国史补》记载：高力士把杨贵妃缢死于佛堂的梨树下。陈鸿的《长恨歌传》记载：唐玄宗知道杨贵妃难免一死，但不忍见其死，便使人牵之而去，"仓皇辗转，竟死于尺组之下"。乐史的《杨太真外传》记载：唐玄宗与杨贵妃诀别时，她"乞容礼佛"。高力士遂缢死贵妃于佛堂前的梨树之下。陈寅恪先生在《元白诗笺证稿》中指出："所可注意者，乐史谓妃缢死于梨树之下，恐是受香山（白居易）'梨花一枝春带雨'句之影响。果尔，则殊可笑矣。"乐史的说法来自《唐国史补》，而李肇的说法恐怕是受《长恨歌》的影响。

还有一种说法认为，杨贵妃逃亡日本，日本民间和学术界有这样一种看法：当时，在马嵬驿被缢死的，乃是一个侍女。禁军将领陈玄礼惜贵妃貌美，不忍杀之，遂与高力士谋，以侍女代死。杨贵妃则由陈玄礼的亲信护送南逃，行至现上海附近扬帆出海，飘至日本久谷町久津，并在日本终其天年。

1936 年，一位日本少女在电视台向日本电视观众展示了她的家谱等古代文献，言之凿凿地声称自己是杨贵妃的后裔，这引起了一阵小小的轰动（此事在竹内好主编的日文杂志《中国》有记载）。日本著名影星山口百惠，也自称是杨贵妃的后裔。

日本有种说法，说死者是替身，杨贵妃本人则远逃日本山口县大津郡油谷町久津。据当地的传说讲，认为被缢身亡的，乃是一名侍女。军中主帅陈玄礼怜贵妃貌美，不忍杀之，遂与高力士密谋，以侍女代死。高力士用车运来贵妃尸体，察验尸体的便是陈玄礼，因而这一以假代真的计谋得以成功。而贵妃则由陈玄礼的亲信护送飞快南逃，大约在今日上海附近扬帆出海。经过海上的漂泊，来到日本油谷町久津。

唐玄宗平定安史之乱之后，曾派方士出海寻找。在久津找到杨贵妃后，方士还将玄宗所赠的二尊佛像交给了她，杨贵妃则赠玉簪作为答礼。这二尊佛像现在还供奉在日本的久津院内，杨贵妃最终死于日本，葬在久津的院内。至今当地还保有相传为杨贵妃墓的一座五轮塔。五轮塔是建在杨贵妃墓上的五座石塔。杨贵妃墓前有二块木板，一块是关于五轮塔的说明，一块是关于杨贵妃的说明，上面写着："充满谜和浪漫色彩的杨贵妃之墓——关于唐六代玄宗皇帝爱妾杨贵妃的传说。"日本人喜欢到杨贵妃墓朝拜，说这样做可以得到漂亮可爱的孩子。目前，日本正准备将杨贵妃墓作为旅游胜地开放。

还有人说杨贵妃死于乱军之中，杨贵妃也可能死于乱军之中。此说主要见于一些唐诗中的描述。杜甫于至德二年（公元757年）在安禄山占据的长安，作《哀江头》一首，其中有"明眸皓齿今何在，血污游魂归不得"之句，暗示杨贵妃不是被缢死于马嵬驿，因为缢死是不会见血的。李益所作七绝《过马嵬》和七律《过马嵬二首》中有"托君休洗莲花血"和"太真血染马蹄尽"等诗句，也反映了杨贵妃为乱军所杀，死于兵刃之下的情景。杜牧《华清宫三十韵》的"喧呼马嵬血，零落羽林枪"；张佑《华清宫和社舍人》的"血埋妃子艳"；温庭筠《马嵬驿》的"返魂无验表烟灭，埋血空生碧草愁"等诗句，也都认为杨贵妃血溅马嵬驿，并非被缢而死。

还有人认为杨贵妃流落于民间。俞平伯先生在《论诗词曲杂著》中对白居易的《长恨歌》和陈鸿的《长恨歌传》作了考证。他认为白居易的《长恨歌》、陈鸿的《长恨歌传》之本意，盖另有所长。如果以"长恨"为篇名，写至马嵬已足够了，何必还要在后面假设临邛道士和玉妃太真呢？职是之由，俞先生认为，杨贵妃并未死于马嵬驿。当时六军哗变，贵妃被劫，钗钿委地，诗中明言唐玄宗"救不得"，所以正史所载的赐死之诏旨，当时决不会有。陈鸿的《长恨歌传》所言"使人牵之而去",是说杨贵妃被使者牵去藏匿远地了。白居易《长恨歌》说唐玄宗回銮后要为杨贵妃改葬,结果是"马嵬坡下泥中土,不见玉颜空死处",连尸骨都找不到,这就更证实贵妃未死于马嵬驿。值得注意的是,陈鸿作《长恨歌传》时,唯恐后人不明,特为点出:"世所知者有《玄宗本纪》在。"而"世所不闻"者,今传有《长恨歌》,这分明暗示杨贵妃并未死。

民间传说杨贵妃死而复生,这反映了人们对她的同情与怀念。"六军"将士们以"祸本尚在"的理由,要求处死杨贵妃。如果人们继续坚持这种观点,那么,杨贵妃就会被当作褒姒或者妲己一类的坏女人,除了世人痛骂之外,是不可能有任何的赞扬。即使她是人间什么绝色或者盛唐女性美的代表者,也不会在人们的潜在意识中产生怜悯与宽恕。全部的问题在于:杨贵妃事实上不是安史之乱的本源。高力士曾言"贵妃诚无罪",这话虽不无片面,但贵妃不是罪魁祸首,那是毫无疑问的。安史之乱风雨过后,人们开始反思,总结天宝之乱的历史经验,终于认识到历史的真相。民间传说自有公正的评判,对历史人物的褒贬往往比较客观。杨贵妃之死,既有其自取其咎的一面,更有作为牺牲品的一面。于是,人们幻想确实已死了的杨贵妃能重新复活,寄以无限的追念。

人们坚信随着考古新发现,从科技发展观点看问题,杨贵妃下落谜底,距离揭开一定会愈来愈近。

老子的出关之谜

有史实记载，老子曾西出函谷关，被关令尹喜，强而著书，留下了中国思想史上的巨著五千言《道德经》。而后就骑着一头大青牛，继续西行，则没了消息。这个引起很多考古学家和历史学家的兴趣，至今没有得出很确凿的证据。有人说经流沙奔印度去了，并说老子到印度传教，教出了释迦牟尼这样的大弟子。历代不少人认为此说只是道教为了抬高自己贬低其他宗教而捏造出来的。而有人说晚年的老子在甘肃临洮落脚，为归隐老者教炼内丹，养生修道，得道后在临洮超然台"飞升"。而又有人胡乱猜测，说那时治安差，有可能被人半路打劫，导致意外身亡。

还有一种说法则认为老子不是西去，而是东归。《庄子·天道篇》有一段记载，叙说了老子离职后便离开周室而"归居"了。老子的故乡位于今天的河南省鹿邑县，离孔子所在的曲阜不远。孔子还曾拜访过老子，也就是传说中的"孔子问礼"。这件事不论是在《庄子》《韩非子》《吕氏春秋》，还是在儒家著作《礼记·曾子问》中都有记载，说明老子退隐后东归的说法比较可靠。

乌台诗案之谜

汉朝的时候，御史台常植柏树，柏树上又常常栖息着乌鸦，所以人们常称御史台为"柏台"或"乌台"。宋代著名文学家苏轼因写诗获罪，此案由御史台一手操办，所以人们把这一冤案称为"乌台诗案"。

宋仁宗嘉祐二年（1057），中国文坛上发生了件震惊朝野的大事，那就是苏轼、苏辙两兄弟同时通过殿试，中了进士。主考官是当时最负盛名的文学家欧阳修。那年，苏轼 21 岁，苏辙 18 岁，他们俩可谓少年英才。

仁宗皇帝在后宫里踱着方步，对曹皇后说："今天的殿试，我得到了两个奇才，可惜我老了，来不及使用了，留下来给后代子孙使用吧——那将是两个很得力的宰相啊！"

这一天，欧阳修——这位当时的文坛魁首，也在家里兴奋地踱着方步。他神秘兮兮地对儿子说："30 年后，世人再也不会谈论我的文章了！""为什么？"他的儿子问。"他们谈的将是苏轼。今后我要少写些文章，避开此人，好让他早点出人头地。"

可叹的是，上天给了苏轼兄弟超人的才华，却没有给他们相应的命运，进入仕途不久，他们就被卷入了一个巨大的政治漩涡。

以神宗、王安石为首的政治实权集团倡言改革，实施新政，以司马光为首的一批元老旧臣，反对改革，抵制新法。苏轼却坚定地站在了司马光一边。

熙宁三年（1070），苏轼写了《上神宗皇帝》书，公开反对变法。接着，他又写了"再论"和"三论"，这就注定了他坎坷一生、颠沛流离的命运。

熙宁四年（1071），苏轼被贬为杭州通判，以后转任密州、徐州，元丰二年（1079），他被调任为湖州太守。

苏轼调任湖州，照例应该写一份谢恩表，他在谢恩表上写道："陛下……知其愚不适时，难以追陪新进；察其老不生事，或能牧养小民……"意思是：您知道我又愚昧又不能适应形势，难以追陪那些新进的权贵；但又看到我年虽老，却不爱生事，就派我去管管小民……"

变法派本来就同苏轼势不两立，当然听得懂这些弦外之音：谁是"新进"？难道当朝的命官都是新进？你自称"老不生事"，岂不是说我们爱惹是生非？

当时朝廷的诏令奏章是要刊行的，称为"邸报"。苏轼的谢恩表在邸报上发表后，引起人们对变法派的无情嘲笑。

有一位我们熟悉的科学家，叫做沈括。他同苏轼原本是朋友，但在政治斗争面前却做了小人，他把平时收藏的苏轼的诗，特别是最近他路过杭州得到的苏轼的诗集，全数交给了朝廷。

御史大夫舒亶如获至宝，即刻向皇帝上了一本，说道："苏轼的谢表讥切时事，搞得朝野轰动，争相传诵。他包藏祸心，怨望皇上，应口讥谤，讪渎谩骂而没有人臣之节，万死也不足以谢圣上。"

他还从苏轼在杭州等地写的诗文中找出"讪上骂下"、"公为诋訾"的词句六十多条，连同搜获的《苏轼钱塘诗集》等四本诗集，作为罪证，一并进上。

舒亶还振振有词地说："陛下发青苗钱，本来是接济贫民，他却说'赢得儿童语音好，一年强半在城中'；陛下教群吏学习法令，他却说'读书万卷不读律，致君尧舜知无术'；陛下兴办水利，他却说'造物若知明主意，应教斥卤变桑田'；陛下推行盐法，他却说'岂是闻韶解忘味，迩来三月食无盐'。"

一时间，寻章摘句、字字句句推求用心之风四起，御史中丞李定也不失时机地送了另一份表状，列举了苏轼该杀的四点理由。

案子发到御史台处理。七月二十八日，苏轼被从湖州抓回京城，八月十八日，被关进了御史台监狱。

开始，苏轼只承认《山村绝句》等诗反映了一些民间疾苦，但绝无怨谤之心。但是，隔天一次的审讯、折磨，使他身心交瘁，最后，他只有对这些被指控的"罪诗"，按照主审官的意图，一一做出违心的解释，并屈打成招："有此罪愆，甘伏朝典。"

现在，重读这些诗和苏轼被逼招供的释诗"供词"，是很有意思的。它告诉我们，中国"字字求心术"的文字罗网，是何等严酷，而中国文人在文字罗网中的冲决、挣扎，又是何等的可笑和无力。比如，《山村绝句》第一首云：

老翁七十自腰镰，惭愧春山笋蕨甜，

岂是闻韶解忘味，迩来三月食无盐。

苏轼的供词是："此诗意言山中之人饥贫无食，虽老犹自采笋蕨充饥，时盐法峻急，僻远之人，无盐食用，动经数月……以讥盐法太急也。"

又如，《山村绝句》第二首云：

杖藜裹饭去匆匆，过眼青钱转手空。

赢得儿童语音好，一年强半在城中。

苏轼的供词是："此诗意言百姓请得青苗钱，立便于城中浮便使却……庄家小子弟多在城市不着次第，但学得城中人语音而已，以讥新法青苗助役不便也。"

又如，《秋日牡丹》云：

一朵妖红翠欲流，春光回照雪霜羞。

花工只欲呈新巧，不放闲花得少休。

苏轼的供词是："……此诗讥当时执政，以花工比执政，以闲花比小民，言执政但欲出新意擘画，令小子不得暂闲也。"

这些诗，忧国忧民，正合我国诗歌传统风雅讽谏之意，言之者无罪，闻之者足戒，但舒亶、李定之流刻意挑剔，无限上纲，苏轼之罪就在所难免了。他们把罪状和供词编织就绪后呈给皇帝，只等皇帝批准杀头了。

但一位千古难得一见的才子怎么会这么轻易的结束生命，他最后被释放了出来。至于原因是什么，说法颇多。

据史料记载：太皇太后曹氏病危，神宗皇帝去看她，她说："几天以来，怎么都看到皇上不高兴？""几桩改革的事尚未就绪，就有个叫苏轼的加以毁谤嘲笑，甚至写成了白纸黑纸！""莫不是苏轼、苏辙两兄弟的那个苏轼？""娘娘从哪里知道的？""当年仁宗皇帝策试举人回来，见到苏轼两兄弟的文章，高兴地对我说：我为子孙得到了两个相才。如今，不但没有重用他，反而要把他下狱论死。苏轼无非是作了几首小诗，发了一点牢骚罢了，这是文人的习性，若是抓到一点小小的不慎之言，就罗织成罪，何以对得起仁宗皇帝？何以对得起太祖皇帝非叛逆不杀大臣的祖训？"

神宗听了很感动。不久，太皇太后曹氏死了，这也算得是一条临终遗嘱，于是，神宗就决心放了他。

关于苏轼出狱的原因还有一个故事：那是在他出狱的几年后，苏轼对他朋友也讲了一段如何出狱的往事。他说：审问结束后的一天夜里，更鼓已敲，我正要睡觉，突然看见有一个人走进了牢房，他一言不发，丢了一个小盒子在地板上，倒头就睡。我以为是别的囚犯，没有理他，就径自睡着了。四更天左右，那人把我推醒，向我说"恭喜恭喜"，我问怎么回事，他只说"好好睡，不担心"，说完，就带着那个小盒子离开了牢门。原来舒亶等人一直劝皇帝杀我，陛下不忍杀，就暗中派小黄门到狱中来考察，小黄门看到我呼

呼入睡，鼾声如雷，就立刻向皇上禀报，皇上对朝臣说，我知道苏
轼没有做亏心事，不然怎么会睡得如此安稳？不久，我就获赦了。

据宋人叶梦得《避暑录话》记载：苏轼被捕入京，带长子苏迈随
行，以便料理生活。入狱后，父子相约，苏迈在外常打听消息，如
平安无事，送饭时兼送菜和肉，如有不测，菜里就单放鱼，一个月
后，苏迈的盘费用完了，到陈留去筹款借粮，委托一个亲戚帮他送
饭，却忘了交代这个父子相约的暗号。这一天，他的亲戚正好得到
了一批腌鱼，就在饭里给苏轼送了鱼。苏轼见鱼大惊，以为自己生
命不保了，就写了两首悲悲切切的诗交代后事，请狱卒转交给他的
兄弟苏辙。狱卒哪敢隐瞒，就把诗交给了皇帝。其中第二首写道：

圣主如天万物春，小臣愚昧自忘身。

百年未了须还债，十口无家更累人。

是处青山可埋骨，他时夜雨独伤神。

与君今世为兄弟，更结来生未了因第一首中还有"梦绕云山心
似鹿，魂飞汤火命如鸡"之句。

据说，神宗本来就不打算杀他，看了这两首诗，更动了慈悲之
心，那些想置苏轼于死地的人，再罗织罪名，也就无济于事了。

其实，苏轼出狱，朝中的救援也发挥了很大的作用，从苏轼被
捕时起，救援的奏章、信函就如雪片般飞来。南京张安道在南京上
疏，府官不敢接，他派儿子持至登闻鼓院投进；王安石的女婿吴充
是史官，他上书扬言要在皇帝实录上记下神宗不能容才；苏辙——
他的兄弟则愿意用自己的官职、薪水为哥哥抵罪。这一切，都坚定
了宋神宗不杀苏轼的决心。

这时候，陷害派还在挣扎。据《西林诗话》等书记载：当神宗
准备宽恕苏轼的时候，宰相王珪说："苏轼讥讽臣下的罪可恕，但

藐视圣上的罪不可恕。"

神宗说："苏轼固然有罪，但对我还不至于无礼吧？"王珪举出了苏轼的《塔前古桧》诗：

凛然相对谁敢欺？直干凌云未要奇。

根到九泉无曲处，世间唯有蛰龙知。

王珪振振有词地说："陛下是飞龙在天，他却认为陛下不是知己，而求知己于地下之蛰龙，这不是藐视皇上是什么？"

神宗说："文人的诗句，怎么可如此推论？他自个儿咏诗，与我有什么相干？"

章惇虽说也是新进，但却是苏轼少小时候的朋友，也连忙说："龙未必专指天子，人臣也可以称龙。"

神宗说："是呀，孔明被称为'卧龙'，东汉有'荀氏八龙'，难道都是人君？"说得王珪哑口无言。

王珪不甘心，仍然叫狱吏拿这两句话来盘诘苏轼，苏轼回答说："我说的这条龙，就是王安石诗里'天下苍生待霖雨，不知龙向此中蟠'的那条龙。"狱吏也不觉失笑。

案件于当年年底了结，苏轼所得的处分是："责授检校水部员外郎、黄州团练副使，本州安置。"他的弟弟苏辙从坐谪监筠州盐酒税。

"乌台诗案"已经风平浪静，但苏轼直到死也没有想明白他到底是如何出狱的。这又给后人留下来一个千年未解的谜团。

王国维自沉昆明湖之谜

　　王国维是中国近代著名的文学批评家和史学家，不论是词曲的研究，还是古文字、古器物，甚至殷商制度及西北历史地理的考据，他都有独到的造诣，卓越的成就，郭沫若曾称他为"新史学开山祖"。但他却在1927年6月2日，年方五十，正是学术研究的黄金时期之际，不明不白地自沉于北京的颐和园昆明湖，到底是什么原故？这引起了人们极大兴趣，有不少人对此作了猜测。

　　在他刚弃世之时，认为他是殉清而死者不乏其人。因为他是清朝遗老，所以人们几乎都说他的自杀是为了完节。梁启超甚至比之为"不食周粟"的伯夷、叔齐，为楚国"忧愁忧思"，赋《怀沙》而自没于汨罗江的屈原。其根据有两个：一是王国维死前的遗嘱，内中有"五十之年，只欠一死，经此世变，义无再辱"四句，被认作他殉清的誓言。再是因为伪满为他举行了葬礼，并且伪皇帝溥仪还赐谥"忠悫"于他。但是其后许多人就认为殉清说不可靠。因为虽然王国维做过清朝的官，溥仪被冯玉祥率领的国民军赶出故宫到日本后，王国维确实也去觐见过"皇上"。但是当溥仪逃到天津时，他并未随驾前往，没有像陈宝琛，郑孝胥，罗振玉等清宫重臣一样，效命于复辟阴谋，卖身给日本政客，而是潜心于学术研究中，没有充当清室复辟活动的骨干，溥仪在他生前给他荣誉、官衔也只是想利用他在学术上的名气为清室增添名誉。而且当傅仪决心以天津为复辟基地时，他却赴清华研究院当教授去了，只是表面上拖着一条辫子，而实际上业已"失节"了。他还认真研究过中国王朝的更迭，对历史上的节士、遗老并不怎么膜拜，这说明他与清室的关系并不怎么密切，不可能忠到"殉清"、愚到"完节"的地步。再加上后来傅仪说王国维"遗嘱"为罗振王伪造，溥仪的赐谥也是因受骗而行，所以尽管还有人持殉清一说，但大多数人都持怀疑态度了。

郭沫若在《鲁迅与王国维》一文中，指出王国维的死并非殉清，而是因为"罗（振玉）在天津开书店，王（国维）氏之子参预其事，大折其本。罗意大不满于王，王之媳乃罗之女，竟因而接归。这很伤了王国维的情谊，所以逼得他竟走上了自杀的路"。郭老是推测王国维认为罗振玉这样做失了他的面子，是存心让他无颜面于人世，因而羞愤而死的，但是人们多以为证据不足。还有人认为他的死是因为罗振玉的逼债。这源起于两件传闻：一是溥仪在《我的前半生》中所记叙的，即清帝内务府大臣绍英托王国维代售一批字画，事被罗振玉知悉，因以为之代卖为名，从王国维手中把字画取走了。此时，王国维正欠罗振玉一笔债，所以，罗振玉就把字画卖出去，所得的一千余元作为王国维应还他的债款通通扣下，王国维对绍英的催促无法答复，故而自杀。再一件是史达在《王静庵先生致死原因》一文中所述的，说是罗振玉因故把他的女儿（王国维的儿媳）接回家后，不事改嫁，让她在家为夫守节，逼迫王国维每年拿出两千元钱作津贴。这还不算，罗振玉又放出一枝毒箭：王国维先前在日本与他做过一趟生意，赚了些钱，仅王国维名下就分到一万多元，但钱仍在他手中。罗振玉忽发奇想，又兜搭王国维做了一趟生意。

王国维因为不谙"治生之术"，听凭罗振玉摆布，因而不仅其本大折，而且还背下了罗振玉不少债，罗振玉催逼很紧，并与之绝交。王国维对此"又惊又愤",因而萌生短见。传闻虽不同,但都说明王国维是被罗振玉逼死的。

后来有人认为罗振玉伪造"遗折"就是为了掩盖他自己曾与王国维绝交,向他逼债这一事实真相的。

祖保泉在《关于王国维三题》一文中认为王国维是慑于北伐革命军而死的。因为他听说湖南豪绅叶德辉被革命军杀了,并且又听说革命军要杀拖辫子的人,而他自己当时正是拖着一条辫子的清朝遗老,在被杀者列。与其被杀,不如自杀,兴许还可博得"忠清"的美名。因此他果真自杀了。但人们以为王国维是不会这么做的,不符合他的为人,不足置信。

刘雨在《王国维死因考辨》一文中又认为王国维因为"致力于学问,晚年遭世变,使他无法继续下去,精神无所寄托,再加上"晚年家境贫寒,身染重病,又逢爱子之卒",因而悲观而死。

由于各家之说的根据基本上是道听途说,结论也基本上是主观臆测,并且各执一词,固持己见,因而最终是莫衷一是,以至王国维的死因至今还是一个其底难揭的谜。

胡惟庸案之谜

明王朝建立伊始,经过十几年的精心治理,终于走上正轨,但太祖朱元璋并没有安下心来。他的多疑令他无法尽信江山能够稳守,唯恐有谋臣造反。于是,因此而成为牺牲品的明朝将相不在少数。其中,宰相胡惟庸堪称最大的牺牲品。

洪武十三年正月,丞相胡惟庸称他家的旧宅井里涌出了醴泉,邀请明太祖前来观赏。这是大明的祥瑞，朱元璋欣然前往，走到西华门时，一个名叫云奇的太监突然冲到皇帝的车马前，紧拉住缰绳，急得说不出话来。卫士们立即将他拿下，乱棍齐上，差点把他打死，可是他仍然指着胡惟庸家的方向，不肯退下。朱元璋这才感到事情不妙，立即返回，登上宫城，发现胡惟庸家墙道里都藏着士兵，刀枪林立。于是立即下令将胡惟庸逮捕，当天即处死。据《明太祖实录》记载，四天前，也就是正月甲午，中丞涂节已经告胡惟庸谋反，以明太祖猜忌多疑的性格，怎么还会去胡惟庸家看所谓的祥瑞？可见，云奇告变纯属子虚乌有。胡惟庸案前后株连竟达十馀年之久，诛杀了三万馀人，成为明初一大案，列洪武四大案之一，事后朱元璋还亲自颁布《昭示奸党录》，告诫臣下，切以胡惟庸为鉴。

朱元璋为何大张旗鼓地制造胡惟庸案，至今还是一个谜。没有人能够触摸到它的真相，很多事情只是后人的分析与猜测。

关于胡惟庸获罪的原因，历史上有两种说法。

一说是胡惟庸位高权重，心生他意，同倭寇与旧元勾结，意在弑君，结果事情败露。另一种说法是胡惟庸引朱元璋来家里观看醴泉，朱元璋欣然前往，在路上被一个宦官拦住，诉说胡惟庸谋反的阴谋。不管是哪种说法，都是疑点重重，真实情况已无从考证。但是，胡惟庸谋反一事，在皇帝那里就是事实。这是十恶不赦之大罪，死是死定了，许多人也受到株连。开始是他的家人，被诛了三族，连同同谋及告发者一并斩首。随后，朱元璋借此东风，一举撤销中书省，不再设丞相。随后，又追查了依附胡惟庸的官员和六部官属。结果，此案迁延十余年，大小官员被处死者多达三万余人，朝野震动。钱穆在《中国历代政治得失》一书中讲道，自古以来，中国的皇权和相权是划分的。即使两种权力的比重不同，相权对皇权也有一定的制约，并不是皇帝一人专制。而政府真正由一个皇帝来独裁，则是在明清两代。始作俑者，就是这位明太祖朱元璋。他废止宰相一职，并严格规定子孙们永远不准再立宰相。殊不知，世上的事情是没有永远的。从明朝中后期的事情来看，皇帝们总是滥用手里的权力，为所欲为。最终没能守住祖宗的这份基业。在祖宗这里也许能够找到根由。

胡惟庸一案血流成河。并没有让朱元璋放心。宰相虽然没有了，还有很多劳苦功高的大臣，难以保证他们不会起异心。于是，他又举起了屠刀。洪武二十六年（1393 年）正月，蓝玉案起。蓝玉以谋逆罪被杀，连坐被诛杀者达 1．5 万人。

纵观中国历史，开国皇帝与功臣之间总会有不和谐的音符。其中，唐太宗李世民处理得最为妥当，这是因为他气量恢宏。宋太祖赵匡胤"杯酒释兵权"，也自有其合理之处。至于汉高祖刘邦和朱元璋，都是大杀开国功臣。其实，两者也有区别。朱元璋身边的人都是他的同乡，和他出生入死，与他的交情非同一般。建国之后，如果让他们恪守君臣之礼，或永不起异心，这是任何人都不能保证的。因此，为了给子孙扫清道路，他选择了斩草除根。

据史书记载，太子朱标对朱元璋大开杀戒曾数次劝谏。一次，朱元璋命人找来一根长满尖刺的荆棘放到朱标面前，让他去拿，朱标畏惧不敢伸手。于是，朱元璋说："汝弗能执与，使我润琢以遗汝，岂不美哉？今所诛者皆天下之险人也，除以燕汝，福奠大焉！"意思是说．我杀人就像去掉荆棘上的尖刺一样．你将来才可以安坐天下。这话说得倒也在理，朱标无可反驳。

但是，朱元璋的屠戮如此耸人听闻，也与他本人的性格有关。

清代史学家赵翼说过这样的话："独至明祖，藉诸功臣以取天下，及天下既定，即尽取天下之人而杀之，其残忍实千古所未有。盖雄猜好杀，本其天性。"

无论如何，经过胡、蓝案，宰相一职取消了，开国功臣也被屠戮殆尽。从此，皇帝身兼君主与宰相，行使着皇权和相权，集吏、户、礼、兵、刑、工六部职责于一体，控制了一切生杀大权。

明代史籍中关于胡惟庸案的记载多有矛盾，因此关于其是否确实谋反，当时便有人怀疑，明代史学家郑晓、王世贞等皆持否定态度。也有学者指出：所谓的胡谓庸案只是一个借口，目的就在于解决君权与相权的矛盾，结果是彻底废除了宰相制度。

只可惜，朱元璋虽为子孙后代扫除了一切障碍，但是，他以后的大明皇帝却没有一个能让天下百姓安居乐业，只有崇祯皇帝一心想要励精图治，只是生不逢时，祖辈们给他留下的只是一个风雨飘摇的大明江山，最后不得不成为亡国之君。

花蕊夫人香消玉殒之谜

花蕊夫人是中国历史上实有其人的一位女性，她美丽聪明、优雅高贵。《全唐诗》里收录了她的《宫词》一百五十多首，仅从这个数字，我们就能想象到这位秀女具有多高的才情。相传她到了汴京后，赵匡胤想验证她究竟有没有才气，命她即兴作诗。她不假思索，当即吟道："君王城上竖降旗，妾在深宫哪得知？十四万军齐解甲，更无一个是男儿！"这首诗通俗易懂，虽然透出深深的亡国之痛，却没有直接表示出对宋朝的憎恨，更多的是哀叹后蜀将帅无能，用老百姓的话说，这叫有大见识。难怪赵匡胤看了之后，不但没有发怒，反而对她倍加赞赏。

花蕊夫人姓徐。据《十国春秋·慧妃徐氏传》记载，她是蜀中青城人。后主孟昶封她为贵妃，别号花蕊夫人。后来国亡入宋，徐氏心不忘蜀，孟昶死后，她亲手画了一张人物肖像挂在宫里。有人问她此人是谁，她巧妙地回答说：这是我们蜀中的"宜子神"。其实正是她无法忘怀的丈夫。一个有着丰富内心世界的女子，违心地生活在陌生的宋朝后宫，痛念死去的丈夫又不敢明言，只能用这种隐秘的手段为他默默祈祷。

史书没有交代花蕊夫人是何时死的，也没有说她是怎么死的，现在我们能见到的，只有野史笔记中的零星记载。北宋中期邵博的《闻见近录》中说：一日赵匡胤率亲王和后宫宴射于后苑，赵匡胤举酒劝赵光义。赵光义答道："如果花蕊夫人能为我折枝花来，我就饮酒。"赵匡胤命花蕊夫人折花时，赵光义引弓将她射死，随后流泪抱着赵匡胤的腿说："陛下方得天下，宜为社稷自重！"赵匡胤没有责怪他，"饮射如故"。北宋末年的《铁围山丛谈》明确点明：花蕊夫人归宋后，赵光义也十分喜爱她。一次从猎后苑，花蕊夫人在侧，赵光义"调弓矢，引满拟兽，忽回射花蕊，一箭而死。"

这两则记载大同小异，都是在美化太宗赵光义如何以社稷为重，不顾一切地清除他哥哥身边的"祸水"。然而，人们很容易引发这样的联想：因为赵光义太想得到花蕊夫人，但又绝无可能。他经受不住内心的煎熬，断然采取了将美好毁灭在面前的卑劣手段！我们所以如此分析，是因为赵光义并非一个不好女色的正人君子，他后来对南唐李煜小周后的贪婪和强占，足以证明他对女色有极度的渴求。这样的人，有什么资格用杀死花蕊夫人的"义举"彰显他只要江山不要美人的胸怀？

　　除上述说法之外，还有两个现代版的花蕊夫人形象，一是蔡东藩的《宋史演义》，一是李逸侯的《宋宫十八朝演义》。《宋史演义》第九回说赵匡胤为了得到花蕊夫人而将孟昶毒死，随后将花蕊夫人接入后宫。第十回开篇便说花蕊夫人"是个天生尤物，不但工颦解媚，并且善绘能诗。"接下来又说：赵匡胤与花蕊夫人绸缪几年，又迷上了宋氏，"是时宋氏年十七，太祖年已四十有二了。俗话说得好：'痴心女子负心汉'，那花蕊夫人本有立后的希望，自被宋女夺去此席，倒也罢了，谁知太祖的爱情，也移到宋女身上去，长门漏静，谁解寂寥？痛故国之云亡，怅新朝之失宠，因悲成病，徒落得水流花谢，玉殒香消。"按照蔡东藩的理解，花蕊夫人的死与赵光义毫无关系，只是因为失宠而死于开宝元年（花蕊夫人入宫后的第三年）。《宋宫十八朝演义》写得比较隐讳，但通过第十九回的暗示，我们可以体会到：作者认为花蕊夫人是被宋皇后毒死的。该书写赵匡胤开宝九年御驾北征河东刘继元回到汴京时，"甫进入宫门，只见宫人乱纷纷的，好像出了什么变故似的。太祖心里一惊，正要查问，忽花蕊夫人宫里一个宫女迎着太祖启奏道：'花蕊夫人忽得暴疾，已经不省人事啦！'太祖一听，好像凭空地响了一个霹雳，吓了一大跳，急忙奔向玉真宫去。进到里面，只见黑压压地塞满一屋子的嫔妃宫女。宋后也在床前，亲手调药……太祖又问道：'她这病是怎么起得呢？'宋后又回道：'适才与臣妾同在后苑观菊花，她还是好好的，不知怎的，回到宫里，忽然说是肚里急痛，面色也顿时改变，咕咚便倒在地上，昏迷过去了。'"

　　两部演义写花蕊夫人之死都与宋皇后有关，却都和赵光义毫无瓜葛，这与宋代数则笔记的基调完全不合。从情理上说，花蕊夫人即使受到赵匡胤的冷落，也不至于郁郁而终，她是个有情趣有气质的女人，孟昶猝死她都能挺过来，何况被她根本不爱的赵匡胤冷落？至于说她被宋皇后毒死，更不可信。宋皇后出身高贵，她母亲是五代后汉高祖的女儿永宁公主，她本人则是无可争议的大宋皇后，犯不上在这种事上失了身份。退一步说，宋皇后用如此歹毒的手段杀害花蕊夫人，与她一贯善良的基本人格也不相符。

虽然学界中有众多说法，但没有真凭实据能证实，所以花蕊夫人的香消玉殒至今还是一个谜。

埃及艳后的死亡之谜

在埃及，有一位才貌双全，聪颖机智，心怀叵测，一生富有传奇色彩的女子，她便是埃及托勒密王朝最后一位女王克里奥帕特拉，但丁，莎士比亚等将这位传奇女性描述为"旷世的性感妖妇"。萧伯纳也称她为"一个任性而不专情的女性"。她不但有沉鱼落雁、闭月羞花般的容貌和维纳斯般的黄金身段，更留下了富有传奇色彩的一生以及至今不为人知的死亡之谜。

公元前48年，在宫廷争斗中失败的她被其弟从亚历山大城驱逐出去。克里奥帕特拉野心极大，她在叙利亚和埃及边界一带招兵买马，打算重返埃及从弟弟手中夺取王位。此时，适逢罗马国家元首恺撒追击庞培来到埃及，他便以其特殊身份，调停埃及王位之争。克丽奥佩特拉七世得此消息，乘船于夜间潜入亚历山大里亚，以毛毯裹身，由人抬到恺撒房门前。克丽奥佩特拉七世突然出现于恺撒面前，克丽奥佩特拉七世的勇气和美貌深深吸引了恺撒。她于是就成了他的情妇。而托勒密十三世却在对恺撒的亚历山大里亚战争中失败，溺死于尼罗河。克丽奥佩特拉七世依恃恺撒，巩固了自己的地位，成了埃及实际的统治者。而在名义上则按照埃及的传统，与另一异母兄弟托勒密十四世（约公元前59～前44年）结婚，共同统治埃及。为了取悦于恺撒，克丽奥佩特拉七世百般逢迎，盛宴款待，陪伴他乘坐游船溯尼罗河而上，观赏风光。后恺撒因战事去小亚细亚，后转回罗马。其时，克丽奥佩特拉七世为恺撒生下一子，取名托勒密·恺撒或恺撒里昂。

公元前45年，克丽奥佩特拉七世和托勒密十四世一起应邀前往罗马，备受殊荣，住在第伯树对岸的恺撒私人宅邸。恺撒实践誓言，在罗马建造了一座祭祀其尤利乌斯族系祖先的维纳斯的神庙，还把克丽奥佩特拉七世的黄金塑像竖立在女神之旁。眼看她就要成为罗马世界的第一夫人。天有不测风云，公元前44年3月15日恺撒遇刺身亡，她失意地离开了罗马。克丽奥佩特拉七世返回埃及后，毒死托勒密十四世，立她和恺撒所生之子为托勒密十五世，共同统治埃及。其子被宣布为阿蒙神之子。恺撒死后，安东尼称雄于罗马。他在腓力比战役中最后击败共和派领袖布鲁图斯和喀西约的军队后，按照与屋大维的协议巡视东方行省，筹措资金。公元前41年他到达西利西亚的塔尔苏斯，遗使埃及，召见克丽奥佩特拉七世。克丽奥佩特拉七世对罗马政局和头面人物颇为了解，必能让这位罗马君主拜倒在她的石榴裙下，于是巧作安排利用了这次机会。

据说，克丽奥佩特拉七世乘坐一艘紫帆银桨的镀金大船，从埃及出发，先到西利西亚，再经后德诺斯河抵达塔尔索斯。这艘船上挂着用名贵的推罗染料染成的紫帆，船尾楼用金片包镶，在航行中与碧波辉映，闪发光彩。女王打扮成爱神阿佛洛狄忒的模样，安卧在串着金线，薄如蝉翼的纱帐之内。美丽的童子宛如朱必特一般侍立两旁，各执香扇轻轻摇动。装扮成海中仙子的女仆，手持银桨，在鼓乐声中有节奏地划动。居民们见此情景，疑是爱神阿佛洛狄忒乘着金龙来此与酒神（安东尼）寻欢作乐。人们奔走相告，观者如潮。安东尼被邀至船上赴宴，看到克丽奥佩特拉七世迷人的风姿，优雅的谈吐，神魂颠倒，不知所措。他非但把责问克丽奥佩特拉七世在共和派反对"三头"战争中的暧昧态度的问题抛到九霄云外，而且当即——答允她所提出的要求，甚至答允她杀害埃及王位的继承人和竞争者、当时避难于以弗所的异母妹妹雅西斯。不出数日，这个武夫完全成了她的俘虏，跟随她一起到埃及去了。他们在埃及一起度过了公元前41~前40年的冬天。公元前40年夏，安东尼回到意大利。此时，安东尼和屋大维之间的矛盾有所缓和，他娶了屋大维的姐姐奥克塔维娅为妻，以罗马传统的联姻方式巩固政治上的联盟。到公元前37年安东尼和屋大维的矛盾加深，安东尼回到东方，准备远征帕提亚。他以征途艰辛，不宜安置于军营为理由，把奥克塔维娅遣送回罗马。而当安东尼到达安条克，即邀请克丽奥佩特拉七世会面，并且，违反罗马的传统习惯同克丽奥佩特拉七世结婚。公元前34年，安东尼出征亚美尼亚得胜后，不是在罗马而是在埃及的亚历山大里亚，按照埃及的礼仪来举行凯旋式，两人同登黄金做成的王座，克丽奥佩特拉称为"诸王之女王"，其子托勒密十五世称为"诸王之王"。安东尼在东方的所作所为，特别是他与克丽奥佩特拉七世的关系，始而受到罗马人的非议，继之激起了他们的恼怒。他们斥责安东尼将罗马的征服地赠与克丽奥佩特拉七世及其子女，准备迁都亚历山大里亚另建新王朝。在罗马，人们对克丽奥佩特拉七世恨之入骨，认为她是除了汉尼拔以外构成对罗马最大威胁的女王。这就使安东尼威信扫地，丧失了国内的有力支持。君主威信的丧失成为他失败的重要原因之一。公元前32年安东尼和屋大维的矛盾趋于尖锐，完全决裂。安东尼应克丽奥佩特拉七世之求，正式修书遗弃其妻奥克塔维娅。屋大维也发誓为其姐所受的侮辱报仇。他不顾冒犯罗马的传统习俗从维斯塔贞女手中取得安东尼放置于神庙中的遗嘱，公布于众。安东尼的遗嘱记述了他对克丽奥佩特拉七世及其子女的领土分配，还指令克丽奥佩特拉七世将其遗体安葬在亚历山大里亚。遗嘱一公布，舆论哗然，群情激愤。据此，元老院和公民大会"特里布斯大会"以侵占罗马人民财产为由，对克丽奥佩特拉七世宣战，并剥夺了安东尼的执政官职务以及其他一切权力。公元前30年，屋大维进攻埃及，包围亚历山大里亚。安东尼看到大势已去，伏剑自刎。克丽奥佩特拉七世知道自己的死期将近，早就研究各种自杀的方法。她躲进了墓堡，但为屋大维所智擒。当屋大维去看望自己的俘虏时，她还施展手腕，千方百计哄骗和迷惑屋大维，然而未能奏效。屋大维生擒克丽奥佩特拉七世的目的，是要把她带回罗马，在举行凯旋式时示众。克丽奥佩特拉七世得知后，终于陷于绝望，便把自己的遗书写好了。沐浴后，她用了一顿丰富的晚餐。此后，便失落地进入自己的卧室，躺在一张金床上，非常安详，但从此没有再醒过来。那么她究竟然是用何种方法自寻死路的呢？大多数人认为，女王提前安排一位农民将一只藏有一条叫"阿斯普"的小毒蛇的盛满无花果的篮子带进宫中，再让小毒蛇咬伤自己的手臂，因中毒昏迷而死亡。又有人说女王早就在花瓶里喂养了毒蛇，然后用一枚金簪在蛇的身体上刺，引它发狂，直到把她的手臂缠住。持这种观点的人依据考证资料提出：她的房间朝向大海的一边开着一个窗户，受惊的毒蛇从这里完全可以溜走。此外，女王的医生证明说："她的手臂上的确有两个不是很明显的疤痕。"

有一种不同的观点认为，女王是用一只空心锥子刺入自己的头部致死，而非死于毒蛇之口。然而，也有不少人不同意上述观点，因为咬伤或刺伤的痕迹没有在死者尸体上发现，在卧室中没有发现任何有毒的小蛇。他们认为服毒而死的可能性最大。美艳的克里奥帕特拉像夜空中转瞬即逝的流星一样，虽然短暂但却发出了耀眼的光芒。

但是一代传奇埃及艳后之死到现在仍是一个谜，还有待后人去探索。

POJIE
SHIJIELISHI
MIAN

破解
世界历史
迷案（下）

张凯月 ◎ 编著

中国出版集团

现代出版社

图书在版编目（CIP）数据

破解世界历史迷案（下）／张凯月编著. —北京：现代
出版社，2014.1

ISBN 978-7-5143-2138-8

Ⅰ. ①破… Ⅱ. ①张… Ⅲ. ①世界史 – 青年读物
②世界史 – 少年读物 Ⅳ. ①K109

中国版本图书馆 CIP 数据核字（2014）第 008604 号

作　　者　张凯月
责任编辑　王敬一
出版发行　现代出版社
通讯地址　北京市安定门外安华里 504 号
邮政编码　100011
电　　话　010 – 64267325　64245264（传真）
网　　址　www. 1980xd. com
电子邮箱　xiandai@ cnpitc. com. cn
印　　刷　唐山富达印务有限公司
开　　本　710mm × 1000mm　1/16
印　　张　16
版　　次　2014 年 1 月第 1 版　2023 年 5 月第 3 次印刷
书　　号　ISBN 978-7-5143-2138-8
定　　价　76.00 元（上下册）

目　录

第二章　中外名人之谜（下）

第三章　文明带来的谜团

第四章　世界历史迷案

第二章 中外名人之谜（下）

皇女和宫为何下嫁将军德川家茂

就在本世纪六七十年代之际，为建造高尔夫球场，需将埋葬德川幕府历代将军及其夫人的墓移至他处。在挖开了第 14 代将军德川家茂（1846—1866 年）的夫人、仁孝天皇之女、孝明天皇之妹和宫（后称静宽院宫）的墓穴时，发现她左手握着一串佛珠，右手拿着一块玻璃板。玻璃板是那个时代的照片，但一见到空气和阳光后便影踪全无，后经科学处理才显现出家茂的淡淡的面容。和宫下嫁将军家茂发生于幕府末期风云动荡的年代，而围绕和宫与将军家茂的婚姻又有许多不同的说法，才使这件事格外带有令人费猜的神秘气氛，成为一大难解之谜。

和宫是仁孝天皇（1817—1846 年在位）第八个女儿、孝明天皇（1847—1866 年在位）的妹妹，原名亲子。她 4 岁时被许婚给贵族有栖川宫炽仁亲王，如果没有幕府末期西方列强侵迫，政治动荡，她原可以很平稳、很宁静地度过其一生的。然而，尽管历史上中外古今弱女子被作为政治交易的筹码是不乏其例的，但贵为天皇之女的和宫这次也身不由己地被政治的狂风怒涛推到历史舞台的前面。德川幕府后期，由于西方列强的侵迫，掌握政治大权的幕府虽然拖延再三也不得不屈从其强大压力之下，同意开国并与西方各国通商，但受到朝廷和尊王攘夷派的激烈攻击。为了缓和幕府与朝廷的紧张关系，以平息普遍的不满情绪和政局动荡，幕府决策机构一方面重新明确幕府受命朝廷的上下委任关系，另一方面推进"公武合体"运动，即朝廷幕府的联合。

作为"公武合体"的一项重大步骤，便是幕府奏请朝廷，希望将孝明天皇之妹和宫下嫁第 14 代将军家茂。为此，幕府进行了许多活动，比如中止家茂与贵族伏见宫贞教亲王之妹伦宫的婚姻谈判，散布和宫的婚约者有栖川宫因为封禄甚少而对与和宫结婚感到不安等流言。但尽管如此，和宫一如既往地加以拒绝，而幕府则还是再三奏请，以至于群情哗然，指斥幕府的横蛮无礼。

孝明天皇迫于无奈，曾想让自己未满二岁的女儿代替和宫嫁给将军家茂，无疑幕府不会同意。最后 16 岁的和宫只得满心不情愿地于 1861 年 12 月从京都来到江户，次年 2 月，与同年龄的德川家茂正式举行婚礼。

婚姻生活持续了 4 年，而家茂为了征讨反对幕府的长州藩从江户出发，扎营大阪，在第二次征讨中因败报频传，忧急交加，终于因狭心症发作而亡，死时年仅 20 岁。和宫因此而剃发为尼，遁入空门改称静宽院宫。

曾经有一种说法：一开始和宫是顽强地拒绝与将军结婚，被迫无奈结婚之后又是短暂的结婚生活（仅4年），而且传说第13代将军夫人对和宫非常傲慢与冷淡，而和宫始终处于将军府中严密的监视之下，但是对这种说法也有相反的意见，比如据将军府中的人的说法，和宫与德川家茂夫妻感情甚笃，家茂出征前一夜夫妻俩谈至深夜，和宫还要求家茂顺路到她的故乡——京都时替她买西阵出产的腰带，这后来作为家茂最后的礼物按家茂的遗言被送到和宫手中，和宫接到后，睹物思人，竟茶饭不思，终日饮泣。而在德川将军中不娶第二夫人者也只有家茂一人了。又比如和宫在朝廷官军兵临城下之际为德川一族说情，也似乎不是完全被逼无奈。而更有的人认为，就和宫而言与有栖川宫炽仁亲王的婚约原属幼时长辈所定并非出于自由的选择，相反和宫本人希望避开传统的皇族内部的通婚，寻求新的人生而与家茂结婚。这般说来，和宫又不是纯粹的政治交易的牺牲品和不幸者，相反倒是因与家茂结婚而曾经非常幸福过的了。

和宫被迫下嫁将军，但后来又似乎与将军感情甚笃，她究竟是否完全是个悲剧性人物似乎有了疑问，而本文开头所记述的和宫死后手中的德川家茂的照片也似乎可以向世人说明她对家茂的至死的怀恋。但是，谁又能断然确定，这不是其他人在她死后放在她手中呢？这本身也是一个未解之谜。

哥伦布发现美洲大陆是阴差阳错吗

哥伦布发现美洲大陆的事实早就被载入了史册，而他本人也因此彪炳千秋。距哥伦布发现美洲大陆到现在已有四五百年的历史了，有关哥伦布的传说仍在大西洋两岸流传着，传说中这位航海英雄只是阴差阳错地发现了美洲大陆。但是，进入 20 世纪以来，人们便逐渐对这些说法产生了怀疑。

许多历史学家会提出这样的问题，哥伦布如何会犯下这种错误？大量证据显示出他发现的地方既不是日本也不是中国，他为什么在此情况下还一再坚持说他发现的地方就是印度，居住在当地的人就是"印度人"呢？在一些历史学家看来，哥伦布从没想过要去亚洲，他的"雄心勃勃的印度计划"只是为了把其他探险家的注意力引开而精心设计的一个障眼法。他们认为哥伦布的目标从一开始，就是去发现新大陆。

哥伦布向世人宣布，他是以印度作为目的地的，他那个时代的编年史家们相信了他的这种说法。

哥伦布在 1492 年 10 月 21 日，登上了一座在他看来极为偏远的岛屿，在当天的航海日志的一开始他就写道，亚洲大陆仍然是他的航行目标，他要亲手把伊莎贝拉和斐迪南写的介绍信交给"大汗"，即中国的皇帝。哥伦布在返回西班牙途中，给伊莎贝拉和斐迪南写了一封信，其中谈到他建立了一座将有利于"和邻近的大陆……以及大汗做一切交易"的要塞。

从这些资料中，我们可以推断出哥伦布的航向和他的目的地。为哥伦布辩护的多为传统主义者。传统主义者们在著名的航海家萨穆埃尔·埃利奥特·莫里松的领导下，回应了这些质疑，他们说《授权条款》虽然没有非常明确地提到印度，但它所规定的哥伦享有利润的份额中所罗列的宝石、珍珠，以及香料等，全部都是亚洲的产品，因此，他的目的地显而易见。

哥伦布发现美洲新大陆的航行只是他 4 次航海生涯中的第一次，其后，他又在 1493 年、1498 年和 1502 年先后 3 次前往那里。持与比尼奥德特相同观点的人推测，哥伦布在途中肯定曾注意到他所发现的这些岛屿与约翰·曼杰维利以及马可·波罗所描写的地方完全没有共同之处。日本和中国等伟大帝国究竟在何处呢？金屋顶和大理石街道到底在何处呢？这里所有的，只是一些原始的村落。

可能直到第 3 次航行时，哥伦布才把事情的真相搞清楚了。他在 1498 年 7 月航抵了今天委内瑞拉的帕里亚海湾，才开始觉得可能这里并不是中国海岸线外围的岛屿。眼望着宽阔的奥里诺科河三角洲，他估计如此多的淡水只有可能来自一块具有相当大规模的陆地。依照拉斯·卡萨斯的记述，哥伦布在航海日记中曾这样写道："我相信这块陆地是相当广袤的，迄今为止，我们仍对它一无所知。"

但在这短暂的清醒之后，哥伦布再次陷入了比他最初的"关于印度的伟大事业"更荒诞的想法之中。他把这块新大陆当作"人间天堂"，认为它是传说中的伊甸园。对此，他还作出了进一步的解释，因为它"就位于被权威人士认作是天堂的所在地的赤道附近"。

哥伦布很可能到死时还一直相信他去过的地方就是印度。如果事实果真如此，那么哥伦布的目标专一和倔强可真是天下无双。如果不是这样，他绝不可能对他在以后的航海中所得到的证据视而不见——当然也包括他第一次航海中所得到的证据。不管怎样，无论哥伦布的意图究竟是什么都不重要，我们只要知道美洲大陆的发现为人类文明史增添了重要的一笔。在这块富庶的土地上，后来曾发生许多历史事件，世界史从此改写。丑恶与美好并存，财富与贫穷同在，历史短暂而又意义深远，这些在哥伦布当初也许都没有料到吧。

马丁·路德·金死亡之谜

以《我有一个梦想》的演讲而闻名世界的著名美国民权运动领袖——马丁·路德·金，在 1968 年 4 月前往孟菲斯市领导工人罢工被刺杀，年仅 39 岁。1986 年起美国政府将每年 1 月的第三个星期一定为马丁·路德·金的全国纪念日。可马丁·路德·金的死因至今仍疑团重重。

据相关报道说，马丁·路德·金的助手提供了重要线索：子弹是从旁边一个名为贝西·布鲁尔的公寓里射出的。警方立即到公寓调查，房客斯蒂芬说听到枪声后他打开房门，正好看见一个男人慌慌张张离开。他描述了这个人的身高和穿戴，只是相貌没有看清楚，还说他手里拿着一个包裹。警方又找房东调查，房东说有个叫维拉尔德的人登记入住，还交了一个星期的房钱，可马丁·路德·金被刺杀后的当天晚上，他就不见了，房东描述了这位房客的身高和相貌等情况，除了相貌，其他都与斯蒂芬说的一样。警方随房东来到维拉尔德住的房间，发现窗户正好对着洛兰旅馆。后来又有人向警方报告，说事发后，看见一名男子从公寓里跑出来，驾驶一辆白色的福特"野马"轿车离开。于是，警员沿着公路巡查，结果在路边找到一个丢弃的包裹，里面有一支"雷明顿"步枪、一架望远镜。

警方调查，发现这支步枪是伯明翰一家军需品商店出售的，于是赶到那里。一位店员承认枪是他出售的，并描述了买枪人的相貌，警方认为买枪人与房东描述的是同一个人。

警方马不停蹄，又找来指纹专家，从维拉尔德住的公寓房间里提取了指纹。他们到联邦调查局指纹库里查寻，结果还真找到了与维拉尔德指纹相符的指纹卡，卡片上的这个人叫詹姆斯·厄尔·雷。至此，警方认为是这个叫詹姆斯·厄尔·雷的人化名维拉尔德，暗杀了马丁·路德·金。

找到了作案人，下一步就是怎样抓住他。联邦调查局发出通缉，在全美国和全世界寻找雷。两个月后，警方在英国伦敦发现一个长得很像雷的人，他持有的护照上写的是拉曼·施奈德的名字，经指纹鉴定，这个人就是詹姆斯·厄尔·雷。这次被抓获后，他很痛快地承认刺杀了马丁·路德·金，他说自己是极端种族主义者，憎恨所有黑人，他以前的狱友也证实他说过"如果有人雇我刺杀金，我会同意。"

1968年11月12日，孟菲斯法院开庭审理此案。由于雷承认了刺杀行为，法庭当天就作出判决，雷被判处99年徒刑。

在判决公布的三天后，詹姆斯·厄尔·雷突然提出翻案，他表示自己是无辜的，是被人逼迫、诱骗认罪的。他的翻案言辞激烈，明眼人一看就知道他有冤情。雷先后两次提出上诉请求，但都被驳回。在后来的 10 年里，雷又多次要求翻案，但多个法院态度一致，对他的要求置之不理。这更加深了人们心中的疑惑。

原来厄尔·雷是一个令人觉得好笑的三流窃贼，他在打劫杂货店后驾车逃跑被甩出车外，偷打字机时将存折丢下，两次越狱都没有成功。这样一个傻瓜，1967 年为何能成功越狱，并一下子过上富有而体面的生活，甚至四处旅游，挥金如土？因此，人们怀疑联邦调查局参与了此案，联邦调查局早在 50 年代就对马丁·路德·金在的行动有所注意，1964 年还制定了"消灭金小姐"计划。在记者招待会上，联邦调查局局长胡佛甚至指责马丁·路德·金是全国最大的骗子，胡佛还在马丁·路德·金荣获诺贝尔和平奖之后，派人给他送恐吓信，要他"小心谨慎以谢国人"。

1978 年，美国国会对马丁·路德·金被刺一案进行专门调查，这次调查规模很大，仅收集的材料就多达数十万页，总结报告达 800 页。调查终于作出了马丁·路德·金死于密谋的新结论。但是，至于密谋的具体情况和都有哪些参与者，国会却表示无法查明。

1986 年 8 月 1 日，《进步》杂志记者约翰·伊杰尔顿对雷进行了 3 个小时的采访，交谈中，雷表示如果查明联邦调查局插手了杀害马丁·路德·金的准备工作，他不会感到惊奇，他说自己其实是联邦调查局的替罪羊。因为在金的身边有很多联邦调查局的特工，他们监视他的行动，也曾企图杀害他。

由于人们在寻找证据的过程中遇到了太多太多的障碍，有些障碍是无法逾越的，马丁·路德·金的死亡至今仍是一个谜。

苏格拉底为什么娶悍妇为妻

苏格拉底生于公元前 649 年前后，是古希腊最伟大的哲学家之一，苏格拉底经历了雅典文化最辉煌的时期及被斯巴达打败的日子。他当过步兵，做过小官，妻子据说是个出了名的悍妇，生有一个儿子。苏格拉底曾为西方道德哲学做出了很多贡献，最终，他因坚持自己的信念牺牲。雅典当权者指责他轻视传统神祇、鼓励年轻人怀疑传统信仰与思想，而使他们道德败坏。苏格拉底在放逐与死亡任择其一的情况下，挑选了死亡，喝下铁杉毒液自杀。可是他仍然得到了他那一大群才智与年龄参差不齐的学生的尊崇。他们都曾免费听他讲学，学习他在回答中揭露矛盾，从而寻求真知灼见的方法。

他的学生柏拉图详尽地记述了他一生的言行。有趣的是：这位大哲学家娶了一位有名的悍妇为妻。

究竟这位哲学家是什么样的人呢？他本人没有作品，因而我们所知道的他的事迹主要来自柏拉图和赞诺芬的著述。虽然上述二人对苏格拉底生卒年月的描述完全相同，但对其性格方面的描述却完全不同。

然而，苏格拉底到底是怎样的人？在柏拉图的对话录中这位伟大的哲学家是一个热心追求真理、品格高尚的人，虽然他有时幽默而平和，但性格基本上严肃而认真。除此以外，他还跟柏拉图一样被描写成有同性恋的倾向，他对女性是敬而远之的。

另一方面，赞诺芬写的"座谈会"，有可能是用来驳斥柏拉图的，他在文中写到苏格拉底生性活泼，不但嗜酒，还时常跟女表演者开玩笑，主张严肃的问题要在饭宴作乐完毕后才能够开始讨论。毫无疑问，他喜欢女色，而且说话也极讨人喜欢，认为只要女人受到适当教育，则除体力外并不比男人差。据赞诺芬说，苏格拉底愿意娶悍妇为妻的原因就在于此。赞诺芬猜测苏格拉底认为如果可以教导好她，便能够教导所有的人。

以上两种描述似乎从不同方面反映出作者的个性和喜恶。但两人所写的苏格拉底又相差甚大，究竟哪一个更真实呢？柏拉图与赞诺芬都与他十分亲近，所描述的苏格拉底为何相差如此大？苏格拉底娶悍妇是出于对女性的敬畏还是要以哲人的头脑教导她？这些疑问都不得而知。

梵高为何选择自杀

现代印象派绘画艺术的杰出代表——凡·高，具有非凡的绘画才能，他的绘画作品在他死后才被世人视为珍品，他也由此享誉全球。然而他生前命运多舛，贫困、疾病、饥饿以及天才的不得意使得凡·高的境遇十分凄惨。最后，在1890年6月29日他开枪自杀，因伤重不治而亡。当时，梵高像往常一样，拿着油画写生工具从旅馆走出来，但是在他怀里却紧紧握着一把借口赶走乌鸦而借来的手枪。一位农夫刚好走过麦田小道，听到梵高嘴里嘟囔着：（没办法了，没办法了……）梵高走进麦惠摇摆的麦田深处，将枪弹打入腹部，枪声在洒满夕阳的大片麦田上空回荡……第二天早上，在提奥的看守中，画家梵高安静的离开了人世。梵高死后，从他的衣服的口袋里发现一封写给提奥的信。

亲爱的弟弟，谢谢你寄来的贴心的信和五十法郎。想写的事情本来很多，可是我想没有用了、听说你的家人平安，我就放心了。生活顺利，比什么都好……你过去在许多幅画上一直是与我交流的伙伴……说到我的事业，我为它豁出了我的生命，因为它，我的理智已近乎崩溃……但你不是我所知的那类商人，我想你依然站在人性的一边，既然如此，你还指望什么呢？

1891 年 1 月 25 日，提奥在梵高死后 6 个月也病逝了。1914 年，提奥的遗体被葬在奥维尔梵高墓之旁。在教堂四周的麦田里，可以看见梵高兄弟两人的坟墓，默默并排在大墙左侧。这两个不顺眼的小墓碑，被加塞医生栽种的常春藤包围。

近年来，随着对凡·高所代表的印象派绘画艺术欣赏和理解的人的增多，有关凡·高生平的研究也得到越来越多的关注和重视。这位艺术家的死成了人们关注的焦点。他选择以自杀的方式离开这个世界究竟是出于什么原因呢？有人说，是因为精神失常。

医学界、化学界的专家所持的自然原因观点：他们从凡·高的生前嗜好、日常活动和生理疾病着眼，作出了不尽相同的解释。一些人认为：凡·高的精神系统被他的一些不良生活习惯严重地损害了，这直接导致他因失去控制而自杀。他们指出凡·高生前非常喜欢喝艾酒，而艾酒内含有对动物神经组织极为有害的物质岩柏酮，饮艾酒成了他的癖好，这严重伤害了他的神经系统。有大量的证据表明，凡·高体内含有相当惊人的高浓度的岩柏酮。他去世后一年，他的棺椁就被种植在他坟墓上的一棵喜欢岩柏酮的小树的树根紧紧包裹起来，后来为他移坟的人被迫连此树一起移走。也有人认为，凡·高有癫痫症，为了治疗而长期使用对神经系统有麻痹作用的药物洋地黄，最终因这种药物的中毒而导致神经损坏。

第二类观点认为，社会原因造成凡·高的精神失常。一种说法是：凡·高精神崩溃而自杀是因为对心理疾病和自身生理感到恐惧和羞愧。直至最后，持这种观点的人在大量研究历史资料后指出：凡·高死前不但患有严重的青光眼，而且还患有梅毒症。他自己也清楚，他不久将失去对画家来说最珍贵的视力，而且，他也有很强的"恋母情结"。这给他很大的精神压力，终使他不堪重负而崩溃。也有很多的艺术、文学界人士是从思想方面找寻原因的。他们认为，凡·高的一生虽然短暂，但历经了太多的磨难。他干过9种职业，四处颠沛流离，饱经了生活的艰辛和世道的不公。他渴望去拯救那些劳苦大众，可现实总是粉碎他的理想。这就足以使他对生活不再抱有希望。作为艺术家，绘画是他的生命。而且，他有极高的天分，极强的创造力。他从事绘画不过7年，就创作了大量水平极高的作品。可是在那个时代，世人并不理解和认识他所代表的艺术风格，因此作品一点销路也没有。在他生前，只有一两幅画被售出，以至于他不得不依靠弟弟的不断资助来维持生活。他本来已经脆弱的神经被这些无情的现实极大地撞击着，终于不堪重负，所以他才择用自杀的方式逃避这个没有给他带来什么温暖和快乐的世界。

不管梵高的自杀是什么原因，总之他的作品如今已得到世界人民的认可，他的灵魂总算能得到安息了。

托尔斯泰晚年离家出走之谜

《国际先驱导报》记者童师群发自莫斯科历史定格在 100 年前的 11 月 20 日。阿斯塔波沃火车站。怀揣着 69 卢布、在 82 岁高龄时毅然离家出走的托尔斯泰不幸因风寒感染肺炎，在此与世长辞。

列夫·托尔斯泰是俄国著名的大文豪，其一生创作颇丰。他的作品对欧洲文学影响极深，在世界文学史上也占有一席之地。这位享有世界声誉的作家晚年却做了一件让世人皆惊的事，即离家出走。托尔斯泰为何要离家出走，这还得从他晚年的思想变化及其生活说起。

晚年的托尔斯泰开始笃信宗教，宗教观、社会观都发生了很大的变化。73 岁时，托尔斯泰回到了故乡雅斯纳雅波良纳庄园。然而晚年的托尔斯泰对他庄园的看法也发生了许多变化。他开始习惯于关注在他的农田上辛苦劳作的农民们，这些贫苦可怜的农民让托尔斯泰感到不安与自责。

为了减轻自己的内疚感，托尔斯泰开始改变自己的生活方式，甚至开始自我折磨，他变得厌恶人情世故和亲友间的应酬，也拒绝出席贵族的宴会。他经常戴着草帽，穿上旧衣服，脚踏树皮鞋，在农田里干活。到了后来，托尔斯泰想要解放他的那些农民，把田地分给他们。同时，他也打算把他全部著作的版权，无偿地献给社会。

托尔斯泰不顾妻子反对，最终公开发表声明：从 1881 年以后他出版的任何作品，可以由任何人免费出版。

在这样一个阶级社会里，托尔斯泰的朋友亲人都不理解他的社会观、宗教观。在家里，家人不时与他发生冲突；在社会上，许多报刊攻击他；科学家、家教界、沙皇政府都表示对他不满。列宁称他为伟人，屠格涅夫说他是怪人，他说自己是个"令人生厌的糟老头"。但与他同时代的著名媒体人兼出版商苏沃宁的话却点出了他在当时俄国的分量："我们有两个沙皇，尼古拉二世和托尔斯泰。他们谁更强大？尼古拉二世拿托尔斯泰无可奈何，无法撼动后者头顶的王冠，但托尔斯泰却令尼古拉二世的王冠和王朝摇摇欲坠……"

正当托尔斯泰面临重重压力时，切尔特科夫出现了，他用花言巧语取得了作家的信任，在作家生命的最后 9 年，切尔特科夫在托尔斯泰众多家人、随从者中地位最特殊，对他的思想也影响最大。

其实这个家伙的真正目的，是要夺取托尔斯泰那些作品的继承权，尽管托尔斯泰自己的许多朋友都知道切尔特科夫的险恶用心，但他们都没有敢直接告诉托尔斯泰。

本来，托尔斯泰的日记都是由妻子保管的。但由于与妻子产生了矛盾，再加上切尔特科夫的花言巧语，托尔斯泰把他最后 10 年的全部日记都交给了切尔特科夫这个骗子。

妻子索菲亚也敏感地猜到了发生的事情，她对此非常痛苦，脾气也越来越坏，把怒气全都撒在了托尔斯泰的身上。

1910年8月30日晚，她又和托尔斯泰发生了激烈的争吵，她甚至愚蠢地说她并不是痛恨切尔特科夫，而是不能原谅托尔斯泰。对于妻子的愤怒与谴责，老人采取的是宽容谅解的态度，因为他在晚年一直奉行"不抵抗主义"，他总是把错误都想到自己身上，而尽量原谅别人的种种不对。在老人的最后一段岁月里，他的生活并不美好，他的周围充满了责难。为了能够平和地过完后面的日子，他开始打算离家出走，以躲避这些纷争。

10月28日还不到早晨5点，他就带着私人医生离开了波良纳。在火车上，他病倒了。寒冷的天气使他不停咳嗽，并开始发高烧。他们在阿斯塔波瓦车站下了车，7天后他就病逝在这个荒凉的小站里。

有关托尔斯泰离家出走一事，很多专家和学者都曾对此进行过研究，许多复杂的因素纠合在一起促使这位巨匠作出了令人震惊之举，但这并不会影响这位文学巨匠在我们心中的地位。

第三章　文明带来的谜团

神秘的金字塔

古埃及有太多的不解之谜，仿佛得到了神的启示和护佑 "天空把自己的光芒伸向你，以便你可以通向天上，犹如神的眼睛一样。" ——《金字塔碑文》。金字塔的神秘，为世人所好奇，自古以来一直是考古学者探索研究的对象。人们想知道金字塔是怎么建造起来的，古埃及人为何要建造金字塔呢？

据相关学者研究：金字塔的建造起源于古埃及的神话，很久很久以前，地神塞布的儿子奥西里斯很有本事，曾一度为埃及国王（法老）。他教会了人们从事农业生产，如种地、做面包、酿酒、开矿，给人们带来了幸福。因此，人们很崇拜他，把他视作尼罗河神，相信人们的生命就是奥西里斯给予的。他有一个弟弟叫塞特，存心不善，用阴谋杀害哥哥，夺取王位。

有一天，塞特请哥哥共进晚餐，还找了许多人作陪。进餐时，塞特指着一只美丽的大箱子对大家说："谁能躺进这个箱子，就把它送给谁。"奥西里斯在众人的怂恿下，当着大家的面试了一试。但他一躺进去，塞特就关闭了箱子，上了锁，把他扔到尼罗河里去了。

奥西里斯被害以后，他的妻子女神伊西斯到处寻找，终于找回了尸体。不料，这件事被塞特知道了。他半夜里又偷走了尸体，把它剖成48块，扔在不同的地方。伊西斯又从各个不同的地方找到奥西里斯尸体的碎块，就地埋葬了。

后来，奥西里斯的遗腹子荷拉斯出生了，他从小就很勇敢。长大成人后，打败了塞特，替父亲报了仇，并继承了人间的王位。他把父亲尸体的碎块从各地挖出来，拼凑在一起，做成了干尸"木乃伊"。又在神的帮助下，使他的父亲复活了。

奥西里斯的复活不是在人世间的复活，而是在阴间的复活。在另一个世界，他做了主宰，专门负责对死人的审判，并保护人间的法老。

这个神话故事开始在民间流传。后来，埃及法老听到了，便利用它来欺骗人民，说法老有神的帮助，因此活着是统治者，死后还是统治者。谁要是反对法老，那么，他活着时会受到惩罚，死后也不能顺利通过奥西里斯的阴间审判。此后，每一个埃及法老死后，都要把奥西里斯的神话表演一番。第一步是举行寻尸仪式。第二点是举行洁身仪式，即把尸体解剖，取出内脏和骨髓，制成干尸"木乃伊"。制成木乃伊后装入石棺，再送进"永久的住所"—金字塔中。古埃及人认为，这样，法老们的灵魂就能永生，并在3000年后的极乐世界里复活。

　　古埃及人这种对死后永生的信念决定了金字塔的形式：它必须能够妥善地保存遗体，尤其是伴随着遗体的陪葬品。在古埃及人看来，冥界的生活与尘世类似，死者生前所用的一切要一应俱全。所以每个法老的墓葬都聚集了巨大的财富，成为历代盗墓者垂涎的目标。古埃及法老的墓葬形式一再变迁，就是为了与盗墓者周旋、斗智。为了使法老的"灵魂"不被惊扰，也为了满足法老日益膨胀的权力欲望。金字塔的形式经历了由小到大，由砖到巨石的演变。

　　自古以来，金字塔就被称为世界七大奇迹之一。人们无法想象在那么遥远的年代，在只有粗陋的工程技术水平的年代，古埃及人是怎样建造出这一举世罕见的宏伟工程的。当时的建造者既没有起重设备，也没有滑轮，甚至连轮子都没有，他们是怎样将相当于10辆汽车之重的大块石头提升到金字塔上的呢？所以有人怀疑金字塔是外星人遗弃的着陆标志。

　　此外在金字塔规整造型上所体现出的精确的数字计算系统，金字塔建筑技术的精确度是难以想象的。就大金字塔而言，它的底座边长为755英尺，实际尺寸与设计图纸之间的平均偏差不足5英寸，偏差率仅为0.01%，这比现代建筑的误差还要小，这不得不算是一个奇迹。

　　公元前27世纪至26世纪，古埃及人在吉萨建造了三座最大的金字塔。大金字塔是第四王朝第二个国王胡夫的陵墓。它建于公元前2690年左右，原高146.5米，因年久风化，顶端剥落10米，现高136.5米；底座每边长230多米，三角面斜度51度，塔底面积5.29万平方米；塔身由230万块石头砌成，每块石头平均重10

吨。据说，它是 10 万人用了 30 年的时间才得以建成，其精确度着实令人赞叹。第二座金字塔是胡夫的儿子哈夫拉国王的陵墓。它建于公元前 2650 年，比前者低 3 米，但建筑形式更加完美壮观，塔前建有庙宇等附属建筑和著名的狮身人面像。狮身人面像的面部参照哈夫拉，身体为狮子，高 22 米，长 57 米，仅雕像的一个耳朵就有 2 米高。整个雕像除狮爪外，全部由一块天然岩石雕成。由于石质疏松，且经历了四千多年的岁月，整个雕像风化严重。另外面部严重破损，有人说是马姆鲁克把它当作靶子练习射击所致，也有人说是 18 世纪拿破仑入侵埃及时炮击留下的痕迹。第三座金字塔属于胡夫的孙子孟考拉国王，建于公元前 2600 年左右。当时正是第四王朝衰落时期，金字塔的建筑也开始衰落。孟考拉金字塔的高度突然降低到 66 米，内部结构纷乱。这三座金字塔中，以胡夫金字塔最为壮观，且精确度非常高，巨石拼接紧密，甚至连一枚硬币都插不进去，这也使人们怀疑古埃及人民使用了高科技以及非凡的科技工艺。所以金字塔是怎么造出来的，是万古之谜。哈夫拉和孟考拉两座金字塔次第排列在一旁，它们的四面都正对着东西南北四个方位的基点，相互以对角线相接，形成蓝天黄沙间错落参差、气势恢宏的人造群峰。

金字塔被看作是古埃及劳动人民智慧的结晶。2000 年前"西方史学之父"希罗多德就曾这样记载：在建造金字塔时，胡夫强迫所有的埃及人为他做工，10 万人为一群，每一群人劳动 3 个月。不计其数的古埃及奴隶就这样从阿拉伯山拉来巨石，借助畜力和滚木，把巨石运到建筑地点，然后将场地四周天然的沙土堆成斜面，把巨石沿着斜面拉上金字塔，堆一层坡，砌一层石，逐渐加高金字塔。就这样，用了整整 30 年的时间，堆砌出令后人瞠目的奇迹。

但是，近年来考古人员在金字塔埋葬者的随葬品中发现了大量用于测量、计算和加工石器的工具，这表明这些埋葬者就是金字塔的建造者。同时发现的还有一些原始的金属手术器械以及死者在骨折后得到医治的证据，这说明这些死者生前得到了很好的医疗待遇。这样的发现很自然地对先前认为金字塔的建造者是古埃及奴隶的说法提出了质疑。因为在古埃及，地位低下的奴隶不可能有医疗的机会，死后更不可能被安葬。另外，有人做出这样的测算，金字塔至少用了 230 万块每块重约 10 吨的石块砌成。在建造胡夫金字塔的时候，世上还没有任何的起重工具。如果说这些都是靠近万名砌石工人的人力完成的，那么即使工人们每天能将 10 块重达 10 吨的巨石推送上去，也须费时近 700 年。如此简单的数字，相信法老可以算出。他们又为何要建造这个自己生前无法享用的陵墓呢？

到底谁是金字塔奇迹的创造者？这样的奇迹又是如何创造的？有人说它是神秘的地外文明的杰作，有人坚持认为是古埃及奴隶的功劳，孰真孰假现在还下不了结论。金字塔成为人类文明天空的一片巨大的疑云，等着人们继续去探究。

《蒙娜丽莎》微笑之谜

500 年前，无惧于道德的批判和宗教的禁忌，达芬奇解剖了 30

具尸体后，在手稿中留下了他的疑惑："我都解剖完了，但是'灵魂'在哪里？"500 年来人类史上再没出现过达·芬奇百科全书般的人物。但他的《蒙娜丽莎》却一直是人们追求，探索的对象，500 年来，从未停止过。

《蒙娜丽莎》是文艺复兴时代画家列奥纳多·达·芬奇所绘的丽莎·乔宫多的肖像画。它的拥有者法国政府把它保存在巴黎的卢浮宫供公众欣赏。《蒙娜丽莎》是一幅享有盛誉的肖像画杰作。它代表达·芬奇的最高艺术成就，成功地塑造了资本主义上升时期一位城市有产阶级的妇女形象。画中人物坐姿优雅，笑容微妙，背景山水幽深茫茫，淋漓尽致地发挥了画家那奇特的烟雾状"无界渐变着色法"般的笔法。画家力图使人物的丰富内心感情和美丽的外形达到巧妙的结合，对于人像面容中眼角唇边等表露感情的关键部位，也特别着重掌握精确与含蓄的辩证关系，达到神韵之境，从而使蒙娜丽莎的微笑具有一种神秘莫测的千古奇韵，那如梦似的妩媚微笑，被不少美术史家称为"神秘的微笑"。

500 年来，人们一直对《蒙娜丽莎》神秘的微笑莫衷一是。不同的观者或在不同的时间去看，感受似乎都不同。有时觉得她笑得舒畅温柔，有时又显得严肃，有时像是略含哀伤，有时甚至显出讥嘲和揶揄。据考证，蒙娜丽莎的微笑中含有83%的高兴，9%的厌恶，6%的恐惧，2%的愤怒。在一幅画中，光线的变化不能像在雕塑中产生那样大的差别。但在蒙娜丽莎的脸上，微暗的阴影时隐时现，为她的双眼与唇部披上了一层面纱。而人的笑容主要表现在眼角和嘴角上。

　　达·芬奇在人文主义思想影响下，着力表现人的感情。在构图上，达·芬奇改变了以往画肖像画时采用侧面半身或截至胸部的习惯，代之以正面的胸像构图，透视点略微上升，使构图呈金字塔形，蒙娜丽莎就显得更加端庄、稳重。另外，蒙娜丽莎的一双手，柔嫩、精确、丰满，展示了她的温柔，及身份和阶级地位，显示出达·芬奇的精湛画技和他观察自然的敏锐。

　　哈佛大学神经科专家利文斯通博士说，蒙娜丽莎的微笑时隐时现，是与人体视觉系统有关，而不是因为画中人表情神秘莫测。利文斯通博士是视觉神经活动方面的权威，主要研究眼睛与大脑对不同对比和光暗的反应。利文斯通说："笑容忽隐忽现，是由于观看者改变了眼睛位置。"她表示，人类的眼睛内有两个不同部分接收影像。中央部分（即视网膜上的浅窝）负责分辨颜色、细致印记。环绕浅窝的外围部分则留意黑白、动作和阴影。据利文斯通说，当人们看着一张脸时，眼睛多数集中注视对方的双眼。假如人们的中央视觉放在蒙娜丽莎的双眼，较不准确的外围视觉便会落在她的嘴巴上。由于外围视觉并不注重细微之处，无形中突出了颧骨部位的阴影。如此一来，笑容的弧度便显得更加大了。不过，当眼睛直视蒙娜丽莎的嘴巴，中央视觉便不会看到阴影。利文斯通说："如果看着她的嘴巴，便永远无法捕捉她的笑容。"蒙娜丽莎的笑容若隐若现，源于人们的目光不断转移。利文斯通指出，若要临摹《蒙娜丽莎》，描绘口部时便要望着别处。英国医生肯尼思·基友博士相信蒙娜丽莎怀孕了。他的根据是：她的脸上流露出满意的表情，皮肤鲜嫩，双手交叉着放在腹部。性学专家推测：蒙娜丽莎刚刚经历了性高潮，所以才表现出令世人倾倒的微笑。

美国马里兰州的约瑟夫·鲍考夫斯基博士认为："蒙娜丽莎压根就没笑。她的面部表情很典型地说明她想掩饰自己没长门牙。"法国里昂的脑外科专家让·雅克·孔代特博士认为蒙娜丽莎刚得过一次中风，请看，她半个脸的肌肉是松弛的，脸歪着所以才显得微笑。当然这只是一些个人的观点。《蒙娜丽莎》那神秘的微笑还有待于后人去探索。

断臂女神维纳斯

早在一百六十多年，在米洛斯岛上出土了一座轰动世界的雕像，由于在米洛斯岛出土，艺术考古学家称它为米洛斯的阿芙罗黛蒂．雕像上作者名字亚历山大，根据推测，这座雕像大约完成于公元前三世纪至两世纪。

阿芙罗黛蒂由罗马人称为维纳斯，人们把美和爱通通交给她管理，所以称为美和爱之神，这座维纳斯出土时就没有双臂了。为此，一百多年来人们围绕着维纳斯断落的双臂进行推测和争论，到底她断了的两只胳膊原来是什么姿态呢？有的人说：一只手可能拿着一个金苹果．也许是扶着战神盾牌？还是拉着下身的披布？……总之，众说纷纭，看法不一。根据近年来的考证，肯定地认为，她的一只手正伸向站在她前面的"爱的使者"丘皮特。很长一段时间，不少雕刻家和艺术考古学家还提出了种种复原的方案，还有人制作了各种胳膊的模型，他们想给这位断臂的维纳斯安上两只胳膊，以为有了胳膊的女神一定完美得多，可是事与愿违，各种设想方案都经过试验，却没有一个是令人满意的。而原来的胳臂是个什么样子？谁也无法知道。最后，大家得出一致结论：就让她永远是断臂的维纳斯吧！由人们自己的想象给她安上两条胳臂，安上自己认为最美、最自然的胳臂。

有一个传说，维纳斯是希腊米洛农民伊奥尔科斯 1820 年春天刨地时掘获的。出土时维纳斯右臂下垂，手抚衣衫，可上臂伸过头，握着一只苹果。当时法国驻米洛领事路易斯·布勒斯特得知此事后，赶往伊奥尔科斯住处，表示要以高价收买此塑像，并获得了伊奥尔科斯的应允。但由于手头没有足够的现金，只好派居维尔连夜赶往君士坦丁堡报告法国大使。大使听完汇报后，立即命令秘书带了一笔巨款随居维尔连夜前往米洛洽购女神像。谁知农民伊奥尔科斯此时已将神像卖给了一位希腊商人，而且已经装船外运。居维尔当即决定以武力截夺。英国得知这一消息之后，也派舰艇赶来争夺，双方展开了一场激烈的战斗，混战中雕塑的双臂不幸被砸断。从此，维纳斯就成了一位断臂女神。

断臂女神维纳斯虽是不完美的，但他在人们的眼中那个"不完美"却是她身上最耀眼的光芒。不论维纳斯女神的故事是真是假，她形成的原因是什么，她永远是爱的象征。

荷马及其史诗之谜

众所周知《伊利亚特》和《奥德赛》是两部不朽的史诗，至今仍有其独特的文学价值。这两部史诗的作者相传为公元前 8 世纪的荷马。现代研究表明：这只是古希腊人的说法，这两部巨著的作者，可能另有其人，目前还无法肯定这两部史诗是否为一位诗人独立创作完成，也无法肯定叫荷马的写诗者，是单独一个人还是一个团体。公元前 7（或 6）世纪留下来的一首古诗曾经有过这样的记载："（荷马是）住在契奥斯岛（爱琴海中一个岛）的一个盲人。"可是这种说法无法考证，所以近 3000 年来，一直受到文学界的怀疑。

关于荷马的生平事迹，只有这两部史诗可以引以为据，但其中线索也少得可怜。不过，有一点今人是可以确定的，荷马是古代希腊在公众场合表演吟诵诗歌的人，即古希腊人所称的"吟唱诗人"。对这一点我们之所以这么肯定，是因为希腊人恰好在荷马时代之前不会使用文字。在公元前 8 世纪中叶，地中海东部的腓尼基人教希腊人学习字母之前，希腊人根本无法书写记载。在荷马以前，故事传说只是凭借口头传播，之所以采取歌谣形式，是为了使"吟唱诗人"容易记诵，较有才能的吟唱者也可以当场即兴发挥，并且，每次表演的细节都不完全一样。每个吟唱者把一首诗歌以自己的方式进行修改，一首诗经过日积月累，就不断有各种发展。《伊利亚特》

和《奥德赛》这两部史诗最终写成时，肯定是已历经润色增补的最后的定稿。

读荷马史诗中一些段落，很有短诗的味道；而且诗中若干事件，发生的时代似乎比其他部分更早，充分表明荷马史诗是经过很长一段时间，由很多"作者"创作完成的。

因此，经过推测得出的结论是：就在希腊人从腓尼基人处学会字母，知道如何书写时，一个天赋极高的吟唱诗人出现了，他汇集了大量累积下来的口传诗歌，把它们整理成两部具有丰富内涵的史诗，并用文字记述下来。

对这两部史诗的起源和写作过程做这样的假想，应该是极为妥当的，但又有疑问产生了：因为除了《伊利亚特》某些用语似乎比《奥德赛》时代较早之外，这两部史诗的语调与主题的差异也很大。比如，《伊利亚特》描写的主要是发生在几日内的事，并且对战阵军功极为强调；《奥德赛》所述事迹则长达 10 年之久，同时专写幻想和神仙魔鬼。因为《奥德赛》内容几乎没有涉及到战争残酷的一面，所以 19 世纪英国小说家巴特勒指出：《奥德赛》作者应该是女人而不像是男人！

无论如何，这两部史诗写成之后，并非一成不变，而以后的吟唱诗人又在已写下的史诗上作了新的补充及润色。虽然在留存至今的这两部史诗以书写形式出现的手抄本中，没有早于公元前 3 世纪的，但是两部史诗呈现出相仿的风格，足以表明某一个时期确有一个统摄的力量，促成了这两部史诗。但这统摄力量源于何处？是个人还是某个集团？为什么找不到任何记载？也许这些疑问还将长期困扰着文学界。

黄帝是传说中的人物吗

古书中有"三皇五帝"的说法，其中"五帝"是指东方太皞、南方炎帝、西方少昊、北方颛顼和中央黄帝。而传说中，黄帝是中华民族的祖先。然而，他究竟是人还是神？为什么被称为"黄帝"？现在仍然众说纷纭，没有统一的说法。

有学者认为，黄帝是神话传说中的雷电之神，后来才崛起而为中央黄帝。相传他长有四张脸，能同时顾及到东、西、南、北四个方向。无论什么地方发生了事情，总逃不过他的眼睛。后来，他战胜了东、西、南、北四个天帝，建立了自己的神国。

黄帝和炎帝停战言和后组成的统一的部落联盟，成为中华民族的祖先。所以，今天的中国人自称"炎黄子孙"。

也有学者认为，黄帝实有其人，他应该是原始社会末期一位部落联盟的首领。《史记·五帝本纪》记载："黄帝者，少典之子，姓公孙，名轩辕。生而神灵，弱而能言，幼而物齐，长而敦敏，成而聪明。轩辕之时，神农氏势衰，诸侯相侵伐，暴虐百姓，而神农氏弗能征，于是，轩辕乃习用干戈，以征不享，诸侯咸来宾从。"

这些记载似乎说明历史上的黄帝实有其人，是中华民族的形成与发展的创始者。因此，说他是人更有道理。那么，他又为什么被称为"黄帝"呢？

据说，黄帝在五个天帝中，是管理四方的中央首领，又因专管土地，而中原的土地是黄色的，故名"黄帝"。学者们认为，这反映了上古时期，人们对黄土地的崇拜。古史称他为"以土德为王"。后世之人以此而崇尚黄色，把黄色演变成一种权力和尊贵的象征。历代帝王穿的"龙袍"、"马褂"都是黄色，就是由此引发而来的。

在中国的历史典籍和神话传说中，都有许多关于黄帝的记载，但因年代久远，许多说法都已经无法考证。然而，黄帝作为中华民族的始祖却是不容置疑的。

丹尼斯的预言——《智慧之书》之谜

吉萨的狮身人面像让人为之惊叹，三千多年前的人类，凭着当时的技术手段，竟然能建造出这样一尊庞大而又奇特的塑像！人们在赞叹之余，会思考这样一个问题：古埃及人是出于何种目的、基于何种信仰才建造了这样一个人头、狮身、牛尾、鹫翅的合体怪兽呢？古人为了向后人传达什么样的信息呢？

而且，在古埃及遗址的每一个角落：墓地、石碑、雕塑、器皿、装饰、绘画……几乎都可以找到一种被称之为"斯芬克斯"的古怪图案，它们无一例外地均为人兽合体，尽管在表达方式上不尽相同，但是它们都是由人、狮、牛、鹰共同组成。

在南美硌矶山、在大和民族繁衍生息的日本岛、在世界屋脊藏传佛教的那些寺庙里，以及世界上许多其他地方，我们都能找到这种类似于人兽合体的东西。也许我们可以将其称为"斯芬克斯现象"或"斯芬克斯文化"。据考察，这些圣兽往往象征着某种神力，它们能够拯救人类于水火之中，能够医治或者复活人类中的英雄，甚至可以直接降临人间，以拯救正一步步走向衰败的人类社会？

也许，我们可以这样假设：远古的社会里，有一种智慧的象征，类似于这种斯芬克斯的寓意，它从人类记忆的深处，从远古时代走来，在某一个历史与现实的交汇点，获得了足够的能量之后，将再一次以生命的形象突然呈现于我们的眼前。

有人认为，狮身人面像实际上与黄道中的狮子座相暗合，象征着权力和政治。同时，它又是复活与生命之神，因为它面朝正东，每天清晨，代表着生命与复活的太阳神阿波罗将阳光播撒在它的脸上。若按照这样的说法，与黄道中狮子座相对应的位置，应该在狮身人面像的前方，也就是说，应该位于狮身人面像的前足下。

而事实上，狮身人面像的地理位置和建筑风格让人们对这些猜测充满了疑问。也许，这其中蕴含着一个更深的寓意，还等待着后人前去探索；也许，它本身的确仅仅只是一个错误。

金字塔的经文可以为我们揭开这个谜。《梅路西》是《旧约》的一个十分古老的副本，大约流传于公元 3 世纪的欧洲，在这本书中，记载了这样一些事情：

"人们看见有千只生物在空中打斗，它们有着狮身、人头、牛尾、鹫翅。那些奇特的生物偷走了伊凡卡天神护佑万物的《智慧之书》，惹恼了伊凡天神。于是，他命自己的儿子伏加天神夺回圣书。

双方在迪拜进行决斗，伏加天神终于胜利，夺回了圣书。那只怪物被贬下凡间，隐藏在森林海外，专找那些不善思考的人，把他们吃掉。据传，那本圣书后来又被偷走，藏在狮子座的附近。"

在狮身人面像附近，受到启迪的人们仔细的搜索着，终于，发现了一个神奇的地洞。地洞里面静静地躺着一部羊皮书手稿，它是用古拉丁文写成，成书时间大约在公元前八世纪，作者署名为丹尼斯。难道这就是传说中的《智慧之书》？由于古拉丁文几近失传，故对此书的解读费了不少周折。不过，即便仅从已破解的部分来看，这本书也足以让我们感到惊讶了。因为我们在书中看到了1999年！

读过诺查丹玛斯大预言的人也许都不会忘记，预言说在1999年7月的一天，狮子座、天秤座、天蝎座、金牛座交会成一个恐怖的大十字时，人类的历史即将宣告结束。

而在这本羊皮书的丹尼斯预言里，作者也作了如下类似的说明：狮身人面像其实就是这四个星座的合体。狮子对应着狮子座，象征着权利，代表一个社会的政治；人头对应着天秤座，象征着精神，代表一个社会的宗教；鹫翅对应着天蝎座。在古代，天蝎座又被称为天鹰座，它象征着智慧，代表一个社会的科技；牛尾对应着金牛座，象征富有，代表一个社会的经济。政治、宗教、科技、经济是构成我们人类社会的四大支柱。

显然，如果这四大支柱发生动摇，我们的社会就会坍塌。丹尼斯也发现了1999年的恐怖大十字，并且预言了那个十字代表的意义。在他看来，那恐怖的一天就是：8月17日。那么，狮身人面像会不会是古代的人们为了告诫和提醒自己的子孙而建造的呢他们凭着什么力量或者说受到什么人的点拨，竟看见了我们人类的未来呢无疑，这些都还是一个谜。而且，尤其让人惊讶的是，有人认为狮身人面像的建造时间，不是先前推测的古埃及的第三王朝，而是在整个北非大陆尚属一片绿洲的一万年前。

那么，这位神秘的丹尼斯究竟是何许人呢！根据他为后世留下的这部羊皮书，我们可以推测一下他的真实身分。也许，他是一位曾经苦苦修行的拜火教教徒。他一直希望通过修行成为一位神，拥有神的圣力和先知。但是，当他通过努力，看到了土、月、日之后，得知了人类将在未来的某个世纪之末蒙受灾难的消息。他开始动摇了。如果说出自己所知道的一切，那么，为之苦苦奋斗一生的目标就会在顷刻间烟消云散，不可复得。但是如果默守教义，人类就可能在未来的某一天走向灭亡。

在一番激烈的思想斗争之后，他终于下定决心：用自己来拯救人类！于是，他悄然离开了那个拜火教的圣地，只身前行，化名为丹尼斯，来到了狮身人面像的脚下，并将自己所知道的一切写入书中，埋入地里，祈祷着，希望在未来的某一天，自己为之付出的一切能够有所回报。遗憾的是，人类没有能正确地破译出狮身人面像所要传达给我们的信息，以至于延误了这么多个时日。也许会有另一种不为我们所知的宇宙智慧来破解这些秘密吗？

巨石阵之谜

英国的巨石阵有着非常久远的历史，多少年来，历代科学家都想弄清楚巨石阵的秘密，但是时至今日没有一人能够如愿，巨石阵成为古人留给今人的一个难解之谜。

巨石阵也叫圆形石林，位于距离伦敦大约 130 公里的一个叫苏尔兹博里的地方，那里的几十块巨石形成一个大圆圈，其中一些石块有六米之高。据估计，这个巨石阵已经在这个一马平川的荒原上矗立几千年了，可是却没有人确切知道当初建造它的目的到底是什么。一些科学家认为，巨石阵是早期英国部落或宗教组织举行仪式的中心。还有一些专家认为，那里是观察天文的地方，很可能在季节变化之际在那里举行各种各样的活动。巨石阵是人类早期留下来的神秘遗迹之一，科学家经过多次详细的考察之后，已经大概估计出它建造的年代和建造过程：巨石阵可能最早在四五千年以前开始动工，整个工程前后进行了数百年，才成为现今的格局。

据估计，建筑巨石阵总共花了 3000 万个小时的人工，相当于一万人工作一年。

到了公元前 1500 年，也就是离现在 3500 年以前，英格兰的早期居民就不在这个地方举行任何活动了，然而英国科学家最近发现，巨石阵可能到更晚一些的时期仍然在发挥某种功能。根据考证，在巨石阵内发现的一名男子的骨架是 2000 年前留在那里的。

专家说，这名身高为 170 厘米的男子死亡时大约 35 岁，他被人用锋利的金属剑从背后砍死，头整个被砍掉。由于英国人最早开始使用铁器是在大约 2100 年前，因此这个男子的死亡不会早于那个时间。

科学家虽然知道原始石阵的石头是来自威尔士，可是没有人知道，古代的威尔士人是如何把这些几十吨重的巨石运到上公里之外苏尔兹博里平原建造这座巨石阵的。不久前，40 名科研人员开始了一项试验，试图完全依靠几千年前古代人掌握的工具和方法，把一块只有三吨重的岩石从威尔士运到巨石阵的所在地。可是在他们费了九牛二虎之力以后，这块巨石最终还是沉入了 18 米深的泥潭里。一些科学家认为，这些巨石可能根本不是人力搬来的，而是由曾经覆盖地球表面的冰川带来的。但这也仅仅是一种猜测而已，巨石阵这道难题的确切答案谁也说不出来。

复活节岛上石像之谜

复活节岛以其石雕像而驰名于世。岛上约有 1000 座以上的巨大石雕像以及大石城遗迹。1914 年和 1934 年曾进行调查考察，1955 年从事发掘工作，结果认为岛上存有三个文化期。早期的巨大石墙，可用以观察一年中的日出方位。中小型的各类石雕像采用黝黑的玄武岩、凝灰岩及火山渣为石料，用同位素碳测定时间约在公元前 1680 年。中期以石台上的长耳朵、无腿的半身石雕像为特征。

石像高3—6米。最高的一尊达9.8米，重约82吨。6米多高的石像。复活节岛上遍布近千尊巨大的石雕人像，它们或卧于山野荒坡，或躺倒在海边。其中有几十尊竖立在海边的人工平台上，单独一个或成群结队，面对大海，昂首远视。这些无腿的半身石像造型生动，高鼻梁、深眼窝、长耳朵、翘嘴巴，双手放在肚子上。石像一般高5－10米，重几十吨，最高的一尊有22米，重300多吨。有些石像头顶还带着红色的石帽，重达10吨。这些被当地人称作"莫埃"的石像由黝黑的玄武岩、凝灰岩雕凿而成，有些还用贝壳镶嵌成眼睛，炯炯有神。

令人不解的是，岛上这些石像是什么人雕刻的呢？它象征着什么？人们又是如何将它们从采石场运往几十公里外的海边呢？有人说这是外星人的杰作。

关于是谁刻的这些石像，有以下几种说法：

有人说这些石像是岛上人雕刻的，他们是岛上土著人崇拜的神或是已死去的各个酋长、被岛民神化了的祖先，同意这种说法的人比较多。但是有一部分专家认为，石像的高鼻、薄嘴唇，那是白种人的典型生相，而岛上的居民是波利尼西亚人，他们的长相没有这个特征。耳朵长，哪种人也不像。雕塑是一种艺术，总会蕴含着那个民族的特征，而这些石像的造型，并无波利尼西亚人的特征。那么，它们就不会是现在岛上居民波利尼西亚人的祖先，这些雕像也就不可能是他们制作的。此外，人们在从另一个角度细细地分析，岛上的人很难用那时的原始石器工具，来完成这么大的雕刻工程。有人测算过，在2000年前，这个岛上可提供的食物，最多只能养活2000人，在生产力非常低的石器时代，他们必须每天勤奋地去寻觅食物，才能勉强养活自己，他们哪里有时间去做这些雕刻呢？况且，这种石雕像艺术性很高，专家们都对这些"巧夺天工的技艺"赞叹不已。即使是现代人，也不是每个人都能干得了的，谁又能相信，石器时代的波利尼西亚人，个个都是擅于雕刻的艺术家呢？

还有人说，石像不是岛上人雕刻的，而是比地球上更文明的外星人来制作的。他们为了某种目的和要求，选择这个太平洋上的孤岛，建了这些石像。这种说法更离奇。为雕刻这些石像，岛上丢弃了许多用钝了的石器工具，谁会相信，比地球人更文明的外星人，会用这些原始的石器工具来完成这批雕像作品呢。

在岛上还有几百个未完工的石像。关于山上还有几百个未完工的石像，为什么没有把它们雕刻完毕，放弃在那里，专家们分析后说，这可能在雕凿中遇到了坚硬的岩石，无法继续雕凿下去而放弃的。因为当时用石制工具雕刻石头，在制造石器工具时，尽可能选用最硬的石块，但可能在雕凿中，也遇到很硬的岩石，雕凿不动，不得不放弃。因此，这些未刻完的石像，不是遇到什么灾变性事件突然停下的，而是在雕制过程中逐步被放弃的。其中一个最大的石像，高20多米，是复活节岛所见石像中最大的一个，因为未完工，现仍躺在山上的岩石上。可是岩石学家并不完全同意这种看法。他们解释说，也可能雕刻石像的人花费了很大的劳力和时间，把石像雕成并竖立了起来，却又被地震震倒了，再竖起新雕的，又被震倒了。雕刻的人认为这是上天或神的惩罚，不让他们再干下去，因此都停了下来。

　　复活节岛的石像的真实情况到今天还没有一个准确的答案，这个谜团还有待于科学家们的继续探索。

解密 UFO 存在之谜

　　UFO 是英文 Unidentified Flying Object 的缩写，中文意思为"不明飞行物"，它主要是指出现在地面附近或天空中的一种奇异的光或物体，也称"飞碟"。这个缩写最早是在美国 1947 年 6 月 24 日出现飞碟时由一名记者在报纸上使用的，一直沿用至今。

　　最早记载不明飞行物出现的时间是在 1878 年 1 月，美国得克萨姬州的空中突然出现了一个圆形物体。当地农民 J. 马丁发现这一圆形物体后，'这条新闻同时登载在 150 家美国报纸上。1947 年 6 月 24 日，美国爱达荷州的企业家肯尼斯·阿诺德驾驶私人飞机飞经华盛顿时，发现雷尼尔山附近出现了 9 个以一种奇特的跳跃方式在空中高速前进的圆形物体。它们就像一种类似鸢形的闪光物，更像是碟盘一类的器具。这些物体以大约 2000 千米每小时的速度疾飞而过，转眼就在天空中消失了……由此，全世界的"飞碟热"被引发。

　　从 20 世纪 40 年代末不明飞行物目击事件急尉增多，引起了科学界的争论。持否定态度的科学家认为很多目击报告不可信，不明飞行物并不存在，只不过是人们的幻觉或是目击者对自然现象的一种曲解。肯定者认为不明飞行物是一种真实现象，正在被越来美国小镇公民目击长 1600 多米的超大 UFO 越多的事实所证实。到 80 年代为止，全世界共有目击报告约 10 万件。随着 UFO 目击事件的日益增多，人类也加速了对 UFO 的研究进程。

1967 年，由美国政府授权、美国空军协助，以哥诺兰大学著名物理学家爱德华·U－康顿博士为首，组成了歌诺兰大学调查委员会。他们全面分析鉴别后认为，UFO、对国家安全并无具体威胁，所以不应再重视研究了。

英国国防部同期也开展了同样性质的研究，他们谪查研究了 1967 年到 1972 年间英国境内的 1631 起 UFO 事件，认为除了极少数翻未能查实的不明飞行物以外，绝大部分只是高空气球、飞行器碎片、炎气现象和飞机。以美国侦察部为研究对象的历史学家海感斯将衡世纪 91Q 年代美国中情局所有关于 UFO 的秘密内参全部翻阅后，得出的结论是：在 1950 年－1960 年间，所谓的 UFO 超过半数都是美军人员驾驶的侦察飞机。无论 UFO 是否存在，全世界仍有约 1/3 的国家还在对不明飞行物进行持续的研究工作。

1972 年，美国发射了"先驱者 10 号"飞船，它于 1987 年飞出了太阳系，飞船上的金属片刻画了人类的形象、人类居住的地球以及太阳系的位置。1977 年，美国的"旅行者一号"又给外面的世界带去了更丰富的信息，包括一部结实的唱机和一张镀金的唱片，唱片上收录了几十种人类语言和多首音乐作品（其中有中国的古曲）。人们热切地期望外星人会收到它。

为了和外星人取得联系，科学家们甚至还制造了庞大复杂的设备，试图向外星发射信息和接收来自外星的信息。但是，经过了许多努力，人们依然没有找到外星人。一些见到外星人的说法也仅仅是传说，难以得到有力的证实。

值得一提的还有飞碟。许多人看到了它。也猜想它就是外星人驾驶的飞船，可这也仅仅是一种猜想而已。

那么，到底有没有外星人呢？科学家分析，宇宙间象地球这样这样的行星肯定还很多，某些与地球环境相似的行星确实很可能有外星人，但是由于我们的航天、通讯技术尚未足够发达，要找到他们我们还必须加倍努力才行。

非洲原始岩画之谜

从 18 世纪起，人们在非洲这块古老大陆的山地、悬崖峭壁上发现了许许多多史前原始岩画。这些岩画虽然十分粗糙，但形象个个栩栩如生。它虽不如欧洲岩画产生得那样早，但要比大洋洲的远为古老，而且它不像欧洲岩画只集中在法国、西班牙，而是分布极为广泛。更引人注意的是它的数量多，流传广，仅撒哈拉地区就有 3 万个岩画遗址被发现，半数在塔西里，时间上经历了上万年。

最早发现非洲岩画是在 1672 年，要比欧洲岩画早发现 150 年。当时委内瑞拉一个葡萄牙人旅游团到莫桑比克旅游观光，一个偶然机会，旅游团成员在岩壁上发现了第一幅画着动物的岩画，当即他们就向里斯本皇家美术学院作了报告。

1752 年，由 E·A·弗雷德里克率领的非洲探险队在非洲东海岸鱼河两岸又发现了好几幅岩画。

1790—1791 年由格罗夫纳率领的远征队在非洲土地上发现了更多的岩画。令人惊喜的是，人们以后又在阿尔及利亚东部找到了一座巨大的颜料库，它位于撒哈拉沙漠中一条长 800 公里，宽 50 ~ 60 公里的恩阿哲尔山脉，那里蕴藏着丰富的红砂土矿藏，就是岩画的主要颜料。在这片广阔的山区，1956 年，一个法国探险队竟发现了 1 万多幅作品。根据这些岩画所反映的内容，科学家们推断在撒哈拉地区变成沙漠以前，这里曾生息过旧石器和新石器时代的人们，他们以猎取大型水栖动物为谋生手段，也放牧羊群。

大量考古资料证实，非洲在公元前 8000 年至前 2000 年是地质学上寒武纪的潮湿期。那时撒哈拉地区还是一片布满热带植物，适于狩猎的草原，这正是产生狩猎艺术的重要土壤。那么这些原始岩画究竟出自谁人之手呢？世界考古学界围绕这一问题主要分成两大派。一派认为岩画是非洲本土产物，它自成体系，不超越非洲边界。这一派中绝大多数认为是当地土著布须曼人创作的。撒哈拉地区是布须曼人文化中心，非洲岩画就发生在这个中心地区，然后向四周传播，北至塔西里，南至非洲中部、南部，东至埃及。

不少专家指出，岩画中表现的非洲土著居民臀部高耸的形象正是非洲一些部族人的特征，这是欧洲史前岩画中不可能有的。至于非洲岩画与欧洲岩画有相同之处，因为狩猎艺术遍于整个地球，生活方式的一致性给狩猎艺术题材甚至表现方法带来某些相似性。

而另一派主要是欧洲学者，他们坚持认为非洲史前岩画是外来文化传播的产物，有的干脆说是欧洲史前岩画的复制品。他们认为在公元前5万年左右，首批欧洲移民尼安德特人来到非洲，4000年后克罗马侬人大批移居非洲，正是作为欧洲史前岩画创作者的他们，把岩画带到非洲。此外他们还以在非洲北部发现欧洲旧石器时代的克罗马侬人和卡普新石器时代的人种类型以及布须曼人丝毫不懂透视法为依据，否定岩画是非洲本土产物。但是这一观点缺乏足够的证据，虽然西班牙东部、北非、撒哈拉、埃及等地区岩画确有相似之处，一些考古学家也因此推想在远古年代的艺术家，是从地中海飘泊到好望角去的，当他们漫游到当时还是绿色而富饶的撒哈拉及东非大平原时，找到了理想的狩猎区，然后到达山区高原时就停止前进了，于是在那里创作了许多最早的非洲岩画。然而这些只是他们未经证实的主观猜测和臆想。

至于说布须曼人不懂透视法，这不能证明岩画就不是他们的作品。因为已灭绝的布须曼画家也可能具有后来的布须曼人所没有的岩画知识和技巧。这种知识和技巧是秘密传授的，只有极少数人才能掌握，所以后来的布须曼人看不懂前人所画的岩画并不奇怪。何况因不少岩画日久天长已模湖不清，后来者也难以辨认了，以人种学观点作依据就更是一种缺乏说服力的种族偏见了。还有个别学者认为要弄清岩画究竟是非洲本土的古老艺术还是外界文化的辐射很难，而且也没什么重要意义，他们以为任何伟大艺术都是"国际性的"，想把任何艺术都贴上民族的标签是困难的。非洲岩画如同世界其他地区的画廊一样，兼容诸多民族及其原始宗教派别的艺术。不管怎样，非洲岩画的发现无疑对研究世界原始文化有着重要意义，它使我们能以此了解、考察非洲原始部族的审美意识的起源以及原始艺术的特征，更能从岩画中了解当时非洲原始部族的生活和社会形态。非洲岩画创作者之谜也终究会水落石出的。

恐龙灭绝之谜

在两亿多年前的中生代，许多爬行动物在陆地上生活，因此中生代又被称为"爬行动物时代"，大地第一次被脊椎动物广泛占据。那时的地球气候温暖，遍地都是茂密的森林，爬行动物有足够的食物，逐渐繁盛起来，种类越来越多。它们不断地分化成各种不同种类的爬行动物，有的变成了今天的龟类，有的变成了今天的鳄类，有的变成了今天的蛇类和蜥蜴类，其中还有一类演变成今天遍及世界的哺乳动物。

恐龙是所有陆生爬行动物中体格最大的一类，很适宜生活在沼泽地带和浅水湖里，那时的空气温暖而潮湿，食物也很容易找到。所以恐龙在地球上统治了一亿多年的时间，但不知什么原因，它们在6500万年前很短的一段时间内突然灭绝了，今天人们看到的只是那时留下的大批恐龙化石。

对于恐龙的灭绝，社会给出了很多的猜测：

第一种说法是气候变化。

6500万年前，地球气候陡然变化，气温大幅下降，造成大气含氧量下降，令恐龙无法生存。也有人认为，恐龙是冷血动物，身上没有毛或保暖器官，无法适应地球气温的下降，都被冻死了。

第二种说法是大陆漂移。

地质学研究证明，在恐龙生存的年代地球的大陆只有唯一一块，即"泛古陆"。由于地壳变化，这块大陆在侏罗纪发生的较大的分裂和漂移现象，最终导致环境和气候的变化，恐龙因此而灭绝。

第三种说法是酸雨。

白垩纪末期可能下过强烈的酸雨，使土壤中包括锶在内的微量元素被溶解，恐龙通过饮水和食物直接或间接地摄入锶，出现急性或慢性中毒，最后一批批死掉了。

还有人说是陨石撞击地球，和火山爆发给恐龙带来了灭亡的灾难。来自中国的古生物学和物理家黎阳 2009 年在耶鲁大学发表的论文引国际古生物学界的轰动，他和他的中国团队在 6534. 83 万年前的希克苏鲁伯陨石坑 K－T 线地层中发现了高浓度的铱，其含量超过正常含量 232 倍。如此高浓度的铱只有在太空中的陨石中才可以找到，地球本身是不可能存在的。根据墨西哥湾周围铱元素含量的精确测定，当时是一颗类似小行星的物质不仅撞击了地球中美洲地区，还撞破了地壳，致使地球内部岩浆汹涌喷出，撞击造成的超级火山爆发，从古玛拉岩石的同位素含量测出此次爆发的威力远远高于黄石超级火山最大的能量（普通火山口的直径也就是是几百米，而这次被撞击成的口子直径超过 148 千米。整个地球被浓浓的火山灰和毒气所覆盖，地球上的生物长时间不见阳光和月亮，植物无法光合作用，大气层氧气含量极低，从大多数恐龙死亡的姿势来看都非常地痛苦，完全是缺氧的自然反应。综合这些因素造成此次生物的大灭绝。以前学术界都是把外来天体撞击说和火山喷发说分开讨论的，但这两个学术都有相当大的缺陷，外来天体说光是撞击不足以影响那么严重，时间那么久，范围那么远（全球性的），而火山说，地球上的火山活动本身就很多很巨烈，但都不足引起如此大的生物灭绝，包括黄石超级火山在内，而中国学者黎阳提供的论证方向和证据完美地解答了国际古生物界的长期疑问，两者的结合才可能造成如此重大的地球生物大灭绝。

关于恐龙灭绝的原因，至今仍众说纷纭，莫衷一是，社会上流传的答案五花八门，然而都没有证据，毕竟恐龙时代距离我们太遥远了，探索它是在太难，所以恐龙的灭亡至今仍是个谜。

是否真的有诺亚方舟

先来了解一下诺亚方舟的故事：由于偷吃禁果，亚当夏娃被逐出伊甸园。亚当活了930岁，他和夏娃的子女无数，他们的后代子孙传宗接代，越来越多，逐渐遍布整个大地。此后，该隐诛弟，揭开了人类互相残杀的序幕。人类打着原罪的烙印，上帝诅咒了土地，人们不得不付出艰辛的劳动才能果腹，并且因着堕落的本性人的怨恨与恶念与日俱增。人们无休止地相互厮杀、争斗、掠夺，人世间充满了强暴、罪恶的势力。

上帝看到了这一切，他非常后悔造了人，对人类犯下的罪孽心里十分忧伤。上帝说："我要将所造的人和走兽并昆虫以及空中的飞鸟都从地上消灭。"在罪孽深重的人群中，只有诺亚在上帝眼前蒙恩。上帝认为他是一个义人，很守本分；他的三个儿子在父亲的严格教育下也没有误入歧途。诺亚也常告诫周围的人们，应该赶快停止作恶，从充满罪恶的生活中摆脱出来。但人们对他的话都不以为然，继续我行我素，一味地作恶享乐。

上帝选中了诺亚一家：诺亚夫妇、三个儿子及其媳妇，作为新一代人类的种子保存下来。上帝告诉他们要用洪水实施大毁灭，要他们用歌斐木造一只方舟，分一间一间的造，里外抹上松香。这只方舟要长300肘、宽50肘、高30肘。方舟上边要留有透光的窗户，旁边要开一道门。方舟要分上中下三层。他们立即照办。

上帝看到方舟造好了，就说："看哪，我要使洪水在地上泛滥，毁灭天下，凡地上有血肉、有气息的活物无一不死。我却要与你立约，你同你的妻子、儿子、儿媳都要进入方舟。凡洁净的畜类，你要带七公七母；不洁净的畜类，你要带一公一母；空中的飞鸟也要带七公七母。这些都可以留种，将来在地上生殖。"

2月17日那天，诺亚600岁生辰，海洋的泉源都裂开了，巨大的水柱从地下喷射而出，天上的窗户都敞开了，大雨日夜不停，降了整整40天。水无处可流，迅速地上涨，比最高的山巅都要高出15肘。凡是在旱地上靠肺呼吸的动物都死了，只留下方舟里人和动物的种子安然无恙。方舟载着上帝的厚望漂泊在无边无际的汪洋上。

上帝顾念诺亚和方舟中的飞禽走兽，便下令止雨兴风，风吹着水，水势渐渐消退。诺亚方舟停靠在亚拉腊山上。又过了几十天，诺亚打开方舟的窗户，放出一只乌鸦去探听消息，但乌鸦一去不回。诺亚又把一只鸽子放出去，要它去看看地上的水退了没有。由于遍地是水，鸽子找不到落脚之处，又飞回方舟。七天之后，诺亚又把鸽子放出去，黄昏时分，鸽子飞回来了，嘴里衔着橄榄叶，很明显是从树上啄下来的。再过 7 天，诺亚又放出鸽子，这次鸽子不再回来了。诺亚 601 岁那年的 1 月 1 日，地上的水都退干了。诺亚开门观望，地上的水退净了。到 2 月 27 日，大地全干了。于是，上帝对诺亚说："你和妻儿媳妇可以出舟了。你要把和你同在舟里的所有飞鸟，动物和一切爬行生物都带出来，让它们在地上繁衍滋长吧。"于是，诺亚全家和方舟里的其他所有生物，都按着种类出来了。后世的人们就用鸽子和橄榄枝来象征和平。这就是诺亚方舟的故事。

据说方舟停泊之地在外高加索一带，曾有不少地方声称是诺亚方舟停泊之地，或有相关的民间传说在流传，当中比较著名的有纳希契凡。

2000 年代初，香港的基督教学术演讲者梁燕城在考证过当时流行的传说，以及当时流传的卫星图片，断定方舟最后在土耳其及亚美尼亚边境的阿勒山山顶停下。为解开方舟之谜，基督教的诺亚方舟国际事工自从首支华人探索队于 2004 年首次登山寻找方舟后，计划进行方舟探索。2006 年 8 月，一名库尔德族的探索家于阿勒山上一个洞内发现不明物体，怀疑是木块。他立刻联络相熟的香港探索队队员，并于 9 月把样本送往香港作科学分析。香港大学地球科学系应用地球科学中心对该样本进行岩相分析，鉴定它为石化木结构。香港的马湾公园馆内的导览册子根据这个研究把诺亚方舟当作历史看待，引来外界不满。

2010年4月28日国外媒体报道，香港和土耳其的探险队员表示，他们在土耳其东部的阿勒山附近找到了传说中的诺亚方舟的船身残骸，测试发现这些残骸的年代可以追溯至4800年前，即《创世纪》中所描述的诺亚方舟的存在时期。香港导演杨永祥说："虽然我们不能百分之百确定它就是诺亚方舟，但可能性达到99.9%。"但这种说法也受到英国牛津大学古代史讲师尼古拉斯？普塞尔质疑，他说："如果公元前2800年欧亚大陆已被3000多米深的洪水所覆盖，在那之前已存在数个世纪的埃及和美索不达米亚文明如何可以生存？"

所以诺亚方舟是否真的存在，故事是真是假，至今还是个谜。

人类起源之谜

关于人类的起源有很多种说法，神话故事也很多东方有女娲捏土造人的故事：传说上古的时候，盘古开辟了天地，临死化身，创造了山川河流、日月星辰、草木虫鱼，但偏偏忘了造人。传说人类的祖先伏羲和女娲成婚后一心想让人类成为天地万们两个是不行的在地球上生活。有更多的人呢？人陷入了深深的思考之中。一天夜里，女娲突然做了一个奇怪的梦，梦见有人对她说："你不用发愁，你可以挖些黄土，用云阳河的水和成泥，捏土造人。"

第二天，女娲就叫伏羲在山前平整了一块地，挖了些黄土，舀些云阳河水和成泥，照着伏羲和自己的样子，捏了许多泥人。她把捏好的泥人放到伏羲整好的平地上晾晒。过了七七四十九天，嘿，这些小东西竟然活了，蹬蹬腿，伸伸腰，围着女娲又唱又跳。女娲工作了很久很久，已经相当疲倦了，但对于广阔的大地来说，所造的人数仍然有限。于是女娲拿起一根绳子，伸进泥浆里，然后用力一挥，泥点溅落的地方，立刻出现一个欢喜跳跃的小人。这些小人成群地走向平原、谷地、山林，从此以后地球上就有了人类。

地上既然有了人类，女娲的工作似乎可以停止了。但伟大的女娲却在想：假如这些小人都死了该怎么办呢？总不能死一批再造一批吧于是，女娲就将男女分开，还看各自的模样，俏丽配英俊，高个配高个，让他们结婚生子。上天得知女娲将人按俊丑配双，急忙派风雨雷电诸神下凡找女娲论理。没想到风雨雷电诸神把"论理"错听成"淋雨"，就电闪雷鸣，带着狂风暴雨一路奔来。女娲见天气骤然变坏，赶紧往洞里收泥人，慌乱中把俊丑、高矮、胖瘦不一的泥人混到了一起，还有的泥人被碰断了胳膊、跌坏了腿，弄歪了鼻，自此世上便有了先天残疾之人，世上的婚姻也从此改变了按相貌结婚的规矩。

在西方也流传着造人的故事，传说天地形成以后，上帝耶和华从大地上取了一些尘土，仿照他自己的样子，做了一个模型。他朝它吹了一口气，那泥人眨了眨眼睛，然后伸伸胳膊，动动腿，身上的泥土一下子变成了血和肉。上帝看着自己的杰作，高兴极了。由于他是个男人，上帝就给他起了个男名"亚当"。上帝让亚当住到伊甸园里，去看守和修理这个园子。伊甸园可美啦！清澈的河流在园子里静静地流淌；园子里的奇花异草清香扑鼻，树上挂满了累累的果实，鲜艳可口，各种飞鸟自由飞翔，它们的鸣唱宛转动听，野地里的野兽追逐嬉戏，和平相处，它们还带着可爱的小宝宝和亚当一同玩耍。亚当多么快乐呀！可是不久，他就愁眉不展了，为什么呢？因为他感到很孤独。别的动物都有同类的伙伴。

可是，偏偏他没有。上帝知道了，就趁亚当睡熟时，从他的身体中取出一条肋骨，又把肉合起来。上帝用亚当的肋骨造出一个女人，给她起了个名字叫夏娃。亚当醒来时，看到他的妻子，高兴得欢呼起来，夏娃也很高兴。当时，他们夫妻俩像其他动物一样，不穿衣服，光着身子，但是并不觉得羞耻，因为他们什么都不知道。亚当和夏娃在伊甸园里快乐地生活着。一天，他们在园子里闲逛，发现一棵果树异常美丽，闪着悦目的光芒。他们正在惊叹它的美丽，上帝忽然出现了，告诉他们一定不要吃这棵善恶树上的果子，否则必定不得安宁，再也不会长生不死了。亚当和夏娃点点头，他们答应会听从上帝的话。但是，狡猾的蛇告诉夏娃，吃了善恶树上的果子不仅不会死，而且眼睛就明亮了，能与上帝一样辨识善恶。于是夏娃就摘食了一颗禁果，并且劝丈夫也吃了一颗。之后，他们的眼睛果然明亮了，当他们发现自己是赤身裸体时，感到很羞愧，便折了无花果的叶子编织起来蔽体。上帝知道亚当和夏娃偷吃了禁果，非常生气，就把们赶出了伊甸园。亚当和夏娃来到大地上生活，后来他们有了两个男孩，大儿子叫该隐，小儿子叫亚伯。他们就是大地上人类的祖先。

神话故事总是那么神秘，那么令人神往，然而神话毕竟只是神话，真正地真理需要科学的探索。

有科学家推测，人类是从一种3亿多年前漫游在海洋中的史前鲨鱼进化而来的。根据最新研究，这种名为棘鱼属的原始鱼类是地球上包括人类在内的所有颌类脊椎动物的共同祖先。对一个追溯到2.9亿年前的头骨进行的再次分析显示，它是现代有颌类脊椎动物的早期成员，这意味着颌口动物包括数万种健在的从鱼到鸟在内的脊椎动物、爬行动物、哺乳动物和人等。棘鱼属存在于最早的鲨鱼和硬骨鱼类开始各自进化前的时期，这个血统最终延续到人类生命中。科学家已在欧洲、北美洲和澳大利亚发现棘鱼属化石。和其他棘鲨相比，它相对较大，足有1英尺（约合0.3米）长，它们有鳃，而不是牙齿，长着一双大眼睛，以浮游生物为食。但是没有具体的证据。

有生物学家表示：人类在生物学方面的形成过程。理论上将人类起源过程分为三大阶段：古猿阶段，亦人亦猿阶段，能制造工具的人的阶段。后阶段包括猿人和智人两大时期，它们又分为早期和晚期两个阶段。

1859年，英国生物学家 C·R·达尔文出版《物种起源》一书，阐明了生物从低级到高级、从简单到复杂的发展规律。1871年，他又出版《人类的起源与性的选择》一书，列举许多证据说明人类是由已经灭绝的古猿演化而来的。但他没有认识到人和动物的本质区别，也未能正确解释古猿如何演变成人。F. 恩格斯提出了劳动创造人类的科学理论，1876 年他写了《劳动在从猿到人转变过程中的作用》一文，指出人类从动物状态中脱离出来的根本原因是劳动，人和动物的本质区别也是劳动。文章论述了从猿到人的转变过程：古代的类人猿最初成群地生活在热带和亚热带森林中，后来一部分古猿为寻找食物下到地面活动，逐渐学会用两脚直立行走，前肢则解放出来，并能使用石块或木棒等工具，最后终于发展到用手制造工具。与此同时，在体质上，包括大脑都得到相应的发展，出现了人类的各种特征。恩格斯把生活在树上的古猿称为"攀树的猿群"，把从猿到人过渡期间的生物称作"正在形成中的人"，而把能够制造工具的人称作"完全形成的人"。随着化石材料的不断发现，测定年代方法的不断改进，人们对人类起源的认识也不断深化。尽管存在的问题还很多，但目前已经可以大致勾划出人类起源和发展的线索。

　　人类真的如科学家和生物学家说的那样，从一种原始生物进化而来的吗？一直以来，人类一直在坚持不懈的寻求答案，然而，人类至今还没有真正彻底解开人类本身的起源之谜。

罗马帝国覆亡之谜

　　公元 410 年，哥特人首领阿拉里克率领日耳曼蛮族大军攻占了有"永恒之城"之称的罗马城，西罗马帝国逐步走向灭亡。但这次事件，并不是西罗马帝国灭亡的真正原因。那么西罗马帝国覆亡的原因何在呢？20 世纪，西方学者继续探讨西罗马帝国灭亡的原因这个千古之谜。

80 年代英国《泰晤士报》发表了一篇文章，认为西罗马帝国是由于"铅中毒"而衰亡的。

在 1969～1976 年，在英国南部赛伦塞斯特展开的挖掘工作，在一座公元 4 世纪末 5 世纪初的罗马人的墓群里，找到了 450 具骸骨，多数骨头中的含铅量，是正常人 80 倍之多，儿童骸骨则更加厉害。这些人可能死于铅中毒。

古罗马人喜欢用铅制的器皿储存糖浆和酒，贵族们用铅管引水入室，妇女喜欢用含铅的化妆品。他们制作葡萄酱时还要加进铅丹（即四氧化三铅），使酱的颜色既好看又没有酸味。这种酱是他们日常生活中的一种调味品。这样，天长日久，罗马帝国普遍发生了铅中毒，尤其是那些用铅较多的贵族。铅中毒能引起死胎、流产和不育，即使生下的婴儿成活了，也往往是低能儿。这样，罗马帝国还能不衰亡吗？考古学家大量的理化分析结论，证明历史学家的论断是有一定科学道理的。他们在发掘古罗马贵族、王公的墓葬时，发现这些千年古尸的尸骨上常有一些十分奇怪的黑斑。经分析，原来这是沉积于骨骼中的铅与尸体腐烂时产生的硫化氢生成的硫化铅黑斑。

铅中毒也不可能是罗马城于公元 5 世纪被攻陷的惟一原因。如果是这样，东罗马帝国为什么能在西罗马被灭亡后，继续存在 1000 年呢？当然，东罗马帝国仍然能存在，原因很多：边疆不长，较容易抵御，可避免外族入侵，同时，东罗马帝国国内治安维持较好。

但有一件事情也值得人们关注，就是东罗马帝国境内的铅矿较西罗马少得多，所以当地居民只得凑和使用自认为较低劣的的瓦锅和陶杯。21916 年，维兰德密·斯密科维奇在《政治科学季刊》上发表《罗马衰亡的重新考察》一文。他认为，罗马的灾难开始于共和国时期，早在加图时代（公元前 180 年左右），意大利大部分地区的农业已经衰落了。各个行省的耕地逐渐沙漠化，荒地无限扩大。大量土地抛荒导致仍然耕种土地的农民税收负担加重，农业劳动生产率降低，社会生存所依赖的物质条件恶化。所有这些使西罗马帝国难逃灭亡的厄运。1917 年，埃尔沃斯·亨廷顿在《经济季刊》上发表"气候变化和农业衰落是罗马帝国衰亡的原因"一文。他的论证方法非常奇特。美国加里福尼亚地区有一种树龄达到 3000 多年甚至 4000 年的红杉树，这种红杉树有一个特点，就是每一年都长出一个年轮，根据年轮数可以推断树龄，而且这种树的年轮纹理之间的距离是随着气候的变化而变化的。气候有利时，也就是降水量大的年份，年轮纹理间距比较大，反之则较小。所以根据红杉树的年轮纹理的间距可以推断出该地区降水量的历史。而且亨廷顿认为加里福尼亚地区的降水历史与罗马统治时期地中海地区的降水大体一致。基于红杉树的特点和两地降水历史大致相同的假设，所以亨廷顿认为，西罗马帝国的衰亡是由于公元 4、5、6 世纪降水量不足而造成的。

美国约翰·霍普金斯大学教授邓尼·弗兰克仔细研究了许多拉丁文墓志铭，他发现这些墓志铭上的奴隶多是希腊人的姓名。因此，他断言，罗马和拉丁西部遇到希腊和东方奴隶的入侵，由于这些都是被释放的奴隶，所以他们都取得了罗马的公民权，罗马公民的成分发生了变化。通过对 13900 个墓志铭的研究，他推断罗马城中近 90% 罗马出生的居民是外族血统，曾经建立罗马帝国的罗马人现在让位于外来种族。正因如此，罗马从元首制过渡到君主制这是专制主义的胜利，东方宗教的传播，拉丁文学的衰落，曾经建立帝国的人治理国家的天赋不断降低。尼尔森在《罗马帝国》一书中认为，罗马帝国最重要的问题是种族问题，因为罗马文明就是以种族为基础的。文化取决于种族的特性。如果外来种族和蛮族被同化，那么他们必然与征服者（罗马人）互相渗透。由于罗马世界范围广大，外来种族众多，因此罗马人的出生率必须提高。但是罗马人的出生率不仅没有提高，反而有所降低。罗马人的血统变得越来越不纯洁，在帝国的罗马化地区，由于文明的互相交流和融合导致种族的无节制混合。在罗马帝国的统治下，不同种族互相通婚和血统的混杂遍及各个行省。在这些血统混杂的地方，稳定的精神和道德标准都失去了。

古罗马帝国的覆亡也许还有更多的原因有待探寻，还有更多的谜团有待解开，人们期待着罗马帝国覆亡的原因早日真相大白。

玛雅文明湮灭之谜

1839 年，探险家史蒂芬斯率队在中美洲热带雨林中发现古玛雅人的遗迹：壮丽的金字塔、、富有的宫殿和用古怪的象形文字刻在石板上的高度精确的历法。

考古学界对玛雅文明湮灭之谜，提出了许多假设，诸如外族入侵，人口爆炸，疾病，气候变化……各执已见，给玛雅文明涂上了浓厚神秘的色彩。为解开这个千古之谜，20 世纪 80 年代未，一支包括考古学家、动物学家和营养学家在内的共 45 名学者组成的多学科考察队，踏遍了即使是盗墓贼也不敢轻易涉足的常有美洲虎和响尾出没的危地马拉佩藤雨林地区。这支科考队用了 6 年时间，对约 200 多处玛雅文明遗址进行了考察，结论是：玛雅文明是因争夺财富及权势的血腥内战，自相残杀而毁灭的。

玛雅人并非是传说中那样热爱和平的民族，相反，在公元 300——700 年这个全盛期，吡邻城邦的玛雅贵族们一直在进行着争权夺利的战争。玛雅人的战争好像是一场恐怖的体育比赛，战卒们用矛和棒作兵器，袭击其它城市，其目的是抓俘虏，并把他们交给已方祭司，作为向神献祭的礼品，这种祭祀正是玛雅社会崇拜神灵的标志。

玛雅社会曾相当繁荣。农民垦植畦田、梯田和沼泽水田，生产的粮食能供养激增的人口。工匠以燧、石、骨角、贝壳制作艺术品，制作棉织品，雕刻石碑铭文，绘制陶器和壁画。商品交易盛行。但自公元 7 世纪中期开始，玛雅社会衰落了。随着政治联姻情况的增多，除长子外的其他王室兄弟受到排挤。一些王子离开家园去寻找新的城市，其余的人则留下来争夺继承权。这种"窝里斗"由原来为祭祀而战变成了争夺珠宝、奢侈品、王权、美女……战争永无休止，生灵涂炭，贸易中断，城毁乡灭，最后只有 10% 的人幸存下来。

公元 761 年杜斯．彼拉斯城的王宫覆灭可视为玛雅社会衰落的一个起点。杜斯．彼拉斯是方园 1500 英里内的中心城邦。它遭到从邻近托玛瑞弟托城来的敌人的攻击。一个装有 13 个 8 岁至 55 岁的男人的头颅的洞证明该城被攻占时遭到了斩草除根的大屠杀。8 天后（这些精确的细节被记录在石头刻板上），胜利者举行了"终结典礼"，砸烂了王座、神庙和刻板。一些贵族逃到附近的阿瓜迪卡城——这是一个巨大裂缝环绕的天然要塞。他们在那里苟延残喘了 40 年，最后还是遭到了敌人的攻占，陷入了灭顶之灾。公元 800 年，阿迪卡已是一座鬼城。公元 820 年以后，玛雅人舍弃了这片千年间建立了无数城市的佩藤雨林，再也没有返回这片文明的发源地。玛雅文明的毁灭已成为历史，但它提供的警示，值得人类永远记取。

今日，仍有 200 万以上的玛雅人后裔居住在危地马拉低地以及墨西哥、伯利兹、洪都拉斯等处。但是玛雅文化中的精华如象形文字、天文、历法等知识已消失殆尽，未能留给后代。

楼兰古国的消失之谜

楼兰古国，它所具有的传奇经历如同它的名字一样神秘而悠远。从一个世纪以前它戏剧性地再现于世人面前，就吸引了不同国度、不同种族的人们前往猎奇、探险，伴随着一个个令人兴奋的考古发现，一篇篇、一部部探讨和研究楼兰历史、地理、语言、人文等学术成果的不断面世，楼兰的经历越来越清晰地得以再现，这个历史古国的神秘面纱渐渐隐去，让所有关心楼兰、关注西域历史的人们重温了这座丝路古城经历的荒蛮、文明、辉煌和落寞。

这座古城是西方的冒险家首先发现的。在19世纪中叶至20世纪初，西方冒险家将目光投向了位于亚洲中部、沉寂了一千余年的塔克拉玛干大沙漠。1900年，瑞典探险家斯文·赫定和同伴第二次来到这里探险，他们艰难地走到罗布泊北岸，准备在附近挖掘淡水，发现铲子丢了，随行的向导艾尔迪克返回去寻找，半路遇到了大沙暴，令他万万没有想到的是，狂风过后，一座泥塔、房屋组成的古城奇迹般的展现在眼前。转年，斯文·赫定带着强烈的好奇心开始了对这座古城址的挖掘和探索，希望能够从遗迹和文物中再现昔日的繁华。上世纪50年代的时候，中国学者冯承钧就楼兰名称的来历问题撰文，指出"楼兰"来源于这里的湖泊"罗布泊"的古名，因为在《水经注》第二卷中引用《西域记》中的提法，称"罗布泊"为"牢兰"海，"牢兰"与"楼兰"当为一个名字的不同译法。

继斯文·赫定之后，各国探险家纷至沓来，其中包括英国的斯坦因、美国人亨廷顿、日本人桔瑞超等，他们发现并带走了大量的古文物。斯坦因在1906年根据从楼兰发掘出的汉文和怯文文书，推算楼兰古城大约在公元3世纪至4世纪的时候就被放弃了，他还特别指出"文书上同样可以确证此遗址的地名就是中国古代史书上提到的楼兰"。从斯坦因等人挖掘出来的木雕、浮雕、上漆家具、青铜艺术品、精美的女士绣鞋，以及在距离楼兰遗址约四英里的地方发现的古代墓葬中出土的各种随葬器皿和精美华贵、色彩艳丽的丝、毛织物，可以看出这里的物品明显带有汉代风格和中西方交往的痕迹。结合一些史书上的记载，说楼兰地处交通要道，向北可达焉耆和库尔勒地区，向南可至罗布泊南面的米兰等国，向东则直接有干线与敦煌相通。这些实物和文献记载可以帮助我们初步确定楼兰曾经是古丝绸之路上的一个交通枢纽和商贸重镇。那时的楼兰，是罗布泊绿洲上的一个王国，伴随着汉朝统治的介入和丝绸之路的开辟，更成了南来北往商家的必经之地，楼兰地区流通着前来交易的各国的钱币、织锦、香料、琉璃等等，呈现出一派商旅云集、经济繁荣的富足景象。

按照出土的文书和我国著名史书《史记》中《西域传》的记载，可以推断大约在公元前77年，汉昭帝为了加强对楼兰的统治，派大将军杀死了楼兰的国王，立国王的弟弟为王，改国名为鄯善，汉军也开始派兵在此驻扎戍边。东汉时期，鄯善国日趋强盛，吞并了一些小国，成为包括原楼兰国在内的一个大国。东汉时期还在楼兰城内设置西域长史，并一直延续到魏晋。这一时期，西域长史对楼兰地区的居民建立各种制度，使当时的社会生活带有明显的汉族色彩。从后来发现的楼兰城外人工渠道的痕迹判断，那时的楼兰曾经也是沧海桑田，有着相当规模的农业生产。这一点可以从中国考古工作者挖掘到的木简上得到证实，那上面清楚地录着二十多个屯田将耕种数百亩田地的详细记录。

到了东晋后期，中原地区群雄争权，战乱连绵，朝廷忽视了对西域地区的统治，楼兰也渐渐与朝廷失去了联系。再到公元 4 世纪前后，中国史书上就已经找不到关于楼兰的记载了。至唐代再次出现关于楼兰战事的记录时，那里已经被描述为一片荒漠，王昌龄在诗中写到"黄沙百战穿金甲，不破楼兰终不还"，玄奘在《大唐西域记》中也将楼兰形容为"城郭巍然，人烟断绝"了按照中国考古学家在楼兰遗址中发现的一枚木简上的文字来看，在公元 4 世纪的时候，楼兰已经是"诸民远离国境"的状况了，至于造成这种残酷现实的原因，人们提出了不同的分析和推断。

有说法认为是河道的游移断绝了楼兰的水源，致使居民弃城而逃，古楼兰国也随之渐渐荒疏。早在 1878 年，俄国探险家普尔热瓦尔的罗布泊游移说就引起了世人的瞩目。后来有人支持这种观点，并进一步指出由于塔里木河、孔雀河等河流在罗布泊河口汇聚，致使大量泥沙堆积，河道渐渐被淤塞，加上地壳活动的因素，使河流自然地另觅新的低洼处，汇聚成新的河流湖泊，而原有的罗布泊由于没有新的水源补给，加上远远高于降雨量的蒸发量，就渐渐地蒸发为荒漠。从楼兰国出土的文书上还可以看到，楼兰的水源确实日益匮乏，一些文书上记载了号召大家节约用水的文字，水源的紧张必然导致农业生产力的下降，粮食足，也必将逼迫久居在这里的人们另外去寻找新的家园。当然，这种自然生态环境的变化不是突然发生的，它必然与人们忽视和破坏了自然界的生态平衡有关。有专家分析，这个堪称悲壮又悲惨的结局可能与楼兰当地战争频繁有关。各个经由此处的游牧国家都只考虑到要扩展本国势力，过度砍林种田，使原来胡杨林等良好的植被环境遭到严重破坏，水利、农业等设施面临致命危机，最终导致一个国度被恶劣的塞外风沙所覆盖。

人类既然不能离开自然，就要善待自然，楼兰古国的消失虽然到现在还是一个没有被彻底解开的迷，但它的消失一定和人类有关。

摩亨佐·达罗的突然毁灭

摩亨佐·达罗是世界上其中一个早期古代城市，有古代印度河流域文明的大都会之称，该段时期的其他古文明包括古埃及、米索不达美亚及克里特岛文明。虽然摩亨佐·达罗的繁荣经历了漫长的几个世纪，然而，在历史学家的眼里，也只能是一瞬间的过眼烟云。到了公元前 18 世纪中叶，哈拉帕文化突然衰落了，印度河流域很多地方遭到了毁灭性的打击，尤以摩亨佐·达罗为甚。发掘中除燃烧的残迹外，街头巷尾，到处都是男女老少的尸骨，整座城市变成了一片废墟，人们称之为"死亡的山丘"。然而对于"死丘"毁灭的原因，科学家们还是从不同的角度做了种种推测。

有些学者如 R·L 雷克斯、S·威尔帕特等，从地质学和生态学的角度进行了解释，认为"死丘事件"可能是由于远古印度河床的改道、河水的泛滥、地震以及由此而引起的水灾，特大的洪水把位于河中央岛上的古城摧毁了，城内居民同时被洪水淹死了。然而，有些学者不赞同上述说法，认为如果真的是因为特大洪水的袭击，城内居民的尸体就会随着洪水漂流远去，城内不会保存如此大量的骸髅。考古学家在古城废墟里也没有发现遭受特大洪水袭击的任何证据。

有些学者猜测，可能是由于远古发生过一次急性传染疾病而造成全城居民的死亡。然而这一说法也有其漏洞，因为无论怎样严重的传染病，也不可能使全城的人几乎在同一天同一时刻全部死亡。从废墟骸髅的分布情况看，当时有些人似乎正在街上散步或在房屋里干活，并非患有疾病。古生物学家和医学家经过仔细研究，也否定了因疾病传播而导致死亡的说法。

于是，又有人提出了外族人大规模进攻，大批屠杀城内居民的说法。可是入侵者又是谁呢？有人曾提出可能是吠陀时代的雅利安人，然而事实上雅利安人入侵的年代比这座古城毁灭的年代晚得多，相隔几个世纪。因此，入侵说也因缺少证据而不能作为定论。

在对"死丘事件"的研究中，科学家又发现了一种奇特现象，即在城中发现了明显的爆炸留下的痕迹，爆炸中心的建筑物全部夷为平地，且破坏程度由近及远逐渐减弱，只有最边远的建筑物得以幸存。科学工作者还在废墟的中央发现了一些散落的碎块，这是黏土和其他矿物烧结而成的。罗马大学和意大利国家研究委员会的实验证明：废墟当时的熔炼温度高达 1400—1500℃，这样的温度只有在冶炼场的熔炉里或持续多日的森林大火的火源才能达到。然而岛上从未有过森林，因而只能推断大火源于一次大爆炸。

其实，印度历史上曾经流传过远古时发生过一次奇特大爆炸的传说，许多"耀眼的光芒"、"无烟的大火"、"紫白色的极光"、

"银色的云"、"奇异的夕阳"、"黑夜中的白昼"等等描述都可佐证核爆炸是致使古城毁灭的真凶。

可是历史常识又告诉我们：直到第二次世界大战的末期，才发明和使用了第一颗原子弹，远在距今 3600 多年前，是绝不可能有原子弹的。

也有人认为，在宇宙射线和电场的作用下，大气层中会形成一种化学性能非常活泼的微粒，这些微粒在磁场的作用下聚集在一起并变得越来越大，从而形成许多大小不等的球形"物理化学构成物"，形成这种构成物的大气条件同时还能产生大量的有毒物质，积累多了便会发生猛烈的爆炸。随着爆炸开始，其他黑色闪电迅速引爆，从而形成类似核爆炸中的链式反映，爆炸时的温度可高达 1.5 万度，足以把石头熔化。这个数字恰好与摩亨往达罗遗址中的发掘物相一致。据推测，摩亨佐达罗可能是先被有毒空气袭击，继之又被猛烈的爆炸彻底摧毁。而在古城的大爆炸中，至少有 3000 团半径达 30 厘米的黑色闪电和 1000 多个球状闪电参与，因而爆炸威力无比。

还有人认为，摩亨佐达罗毁于外星"宇宙飞船"。英国学者捷文鲍尔特和意大利学者钦吉推测。3500 年前，一艘外星人乘坐的核动力飞船在印度上空游弋时，可能意外地发生了某种故障而引起爆炸，以至造成巨大灾难。然而外星人是否存在至今仍是一个未解之谜，故此证据不足。

对以上几种观点，仍没有真凭实据来证实，因此都只是猜测。

第四章　世界历史迷案

泰坦尼克号沉船之谜

　　1912 年 4 月 12 日是个悲惨的日子——这一天，英国豪华客轮泰坦尼克号在驶往北美洲的处女航行中不幸沉没。这次沉船事件致使 1523 人葬身鱼腹，是人类航海史上最大的灾难，震惊了世界。一个承载 1523 人的豪华巨轮——泰坦尼克号沉没的真正原因，一直是人们关注的焦点，这么多年来一直是个谜。泰坦尼克号是当时世界上最大的豪华客轮，被称为是"永不沉没的客轮"或是"梦幻客轮"。泰坦尼克号共耗资 7500 万英镑，吨位 46328 吨，长 882.9 英尺，宽 92.5 英尺，从龙骨到四个大烟囱的顶端有 175 英尺，高度相当于 11 层楼。是当时一流的超级豪华巨轮。与姐妹船奥林匹克号）和不列颠尼克号一道为英国白星航运公司的乘客们提供快速且舒适的跨大西洋旅行。泰坦尼克号是同级的三艘超级邮船中的第二艘。

　　一部著名电影《泰坦尼克号》的剧情已在人们心中留下了深深

的印象。在这部电影里，这艘近 275 米的豪华客轮，被迎面漂来的冰山撞开了约 92 米长的裂缝后，船舱进水，很快沉没在纽芬兰附近海域。

　　1985 年，人们在纽芬兰附近海域发现了沉没的泰坦尼克号残骸。紧接着，探索者们利用各种先进技术，甚至潜入冰冷黑暗的深海，企图通过这些残骸找到泰坦尼克号沉没的原因。由于船的裂缝已被厚厚的泥沙掩埋，潜入水中的人只能看到泰坦尼克号的外观，无法探查出有冰山造成的创伤。直到 1996 年 8 月，一支由几个国家潜水专家、造船专家及海洋学家组成的国际考察队深入实地进行了探测。不探则已，一探惊人。这次探测的结果表明，泰坦尼克号并不是被迎面漂来的大冰山撞开一个大裂口而沉没的。他们的声波探测仪找到了船的"伤口"。"伤口"并不是 92 米那么长，而是有 6 处小"伤口"，总的损坏面积仅有 3．7 米—4 米。为了增强这种说法的可信度，利用那些数据在计算机上模拟了灾难发生的过程，结论是肯定的：当时进水的 6 个舱室并不是平均进水的，有的进水量大，有的进水量小，这说明撞开的洞口有大有小。其实，在当时该船的设计师爱德华·威尔丁已经提出了这个情况，可是这个非常重要的证言被有意或无意地忽略了。因为当时的人们很难接受这样一个事实：一艘如此精良的巨轮只撞了 6 个小洞就沉没了！该船"受伤"与船体钢板也有很大关系。1992 年，俄罗斯科学家约瑟夫麦克尼斯博士在文章中写道："敲击声很脆的船体钢板，或许使人感到它可以在撞击下被分解成一块块，实际上是从船的侧面被打开的口子。"美国科学家对船体钢板的研究结果也证实了上面的看法，当时的钢板有许多降低钢板硬度的硫磺夹杂物，这是船体钢板非常脆的原因。因此，专家们普遍认为，冰山撞击可能并不是致命原因，冰山撞击来得太突然，加上轮船的速度稍快，再加上钢板较脆，是这一悲剧发生的真正原因。原以为豪华巨轮沉没之谜就这样揭开，然而和所有未明真相的事件一样，泰坦尼克号之谜也远远未曾结束。2004 年，一个耸人听闻的言论跳到全世界公众的面前，英国的罗宾·加迪诺和安德鲁·牛顿在接受英国电视台采访时，披露了泰坦尼克号沉船阴谋论——泰坦尼克号沉没事件中遇难的 1523 名乘客和船员并不是死于天灾，而是人祸！他们称，在泰坦尼克号开始它的处女航的 6 个月前，即 1911 年 9 月 11 日，泰坦尼克号的姊妹船——奥林匹克号在离开南安普顿出海试航时，船舷被严重撞毁，勉强回航并停靠到了贝尔法斯特港。不幸的是，保险公司以碰撞事件的责任方是奥林匹克号为由拒绝赔偿，而奥林匹克号的修理费用异常昂贵，当时的白星轮船公司陷入了严重的经济困境。更糟糕的是，如果 6 个月后泰坦尼克号不能按时起航，那么白星轮船公司将面临破产。于是白星轮船公司决定把已经损坏的奥林匹克号伪装成泰坦尼克号，并安排了那场海难来骗取一笔巨额的保险金。原先白星轮船公司安排了一艘加利福尼亚号停靠在大西洋的冰山出没区，准备在事故发生时及时救上泰坦尼克号上的所有人。导致灾难成为事实的最关键处是，加利福尼亚号竟然搞错了泰坦尼克号的位置和求救信号，没有及时赶到沉船地点进行抢救。

一些阴谋论者都认为白星轮船公司的主人——美国超级富翁 JP·摩根是这起保险诈骗阴谋的幕后策划者。而且"船只保险诈骗阴谋"论者指出一件件异常情况来证实他们的说法。第一，泰坦尼克号曾经突然改变航线，可能是为了与加利福尼亚号进行会合；第二，遭遇冰山后，有人看见大副默多克跑到高高的船桥上去，可能是为了寻找加利福尼亚号的踪迹，第三，后来的调查报告显示，在船员船舱里竟然没有一个双筒望远镜，这意味着监望员很难及时发现冰山；第四，白星轮船公司的总裁 JP. 摩根本来也计划乘坐泰坦尼克号，但在起航前两天，他以身体不适为由取消了旅行，可是轮船沉没后两天，有人发现他正和法国情妇幽会，与他一起取消行程的有 55 人，这些取消行程的人应该都是知晓内幕者；第五，在临时把奥林匹克号伪装成泰坦尼克号的过程中存在偷工减料，有人发现沉船上的一些救生艇像筛子一样漏水；第六，也是最令人匪夷所思的一点，从泰坦尼克号遗骸处打捞上来的 3600 多件物品中，竟然没有一样东西上面刻着泰坦尼克的标记；第七，当时出现在大西洋上的加利福尼亚号除了工作人员和 3000 件羊毛衫和毯子外，没有搭载一名乘客的事实让人不解。

豪华巨轮——《泰坦尼克号》的沉没虽有很多解释，但至今仍没有一个真正的论断，这依旧是个谜。

珍珠港事件之谜

每年 12 月 7 日，美国民众都会为在珍珠港事件中丧生的 2402 名美军士兵举行悼念仪式。在 2011 珍珠港纪念日，美国总统奥巴马说:"美国人会铭记 1941 年 12 月 7 日,以纪念这些爱国者们的坚强,表彰那些为了我们的自由而牺牲的人们。"

1941 年 12 月 7 日,日本军队出动 6 艘航母和 350 余架飞机偷袭美国在太平洋夏威夷群岛上的重要的海军基地珍珠港,在 2 个小时内炸沉炸伤美军舰艇 40 余艘,炸毁飞机 200 多架,导致 2402 名美军阵亡和 1282 人受伤。美军主力战舰"亚利桑那"号被炸弹击中沉没,舰上 1177 名将士全部殉难。时任美国总统罗斯福第二天宣布这一天为国耻日,并对日宣战,太平洋战争爆发。珍珠港事件成为二战转折点之一。从此,太平洋战争爆发,美国参战,日本走上了不归之路。美国人一直将珍珠港事件视为自己的耻辱,将责任全部推到日本一方,然而,真相到底如何呢?

著名美国历史学家舍伍德在其所著的《罗斯福与霍普金斯——二次大战时期白宫实录》一书中详细分析了美日的珍珠港事件前的外交谈判过程。日木前驻德大使来栖三郎 1941 年 11 月 6 日赴美,与驻美大使野村一起和美国举行了谈判。11 月 20 日,日本代表作出了准备同美国达成协议的姿态,向美国国务卿赫尔递交了日本政府的"和谈新建议"。然而,11 月 22 日,美方用所谓"魔术"的特殊方法截获和破译了日本外相东乡给野村和来栖发的密码电报。在这份电报中,东乡指示野村和来栖,日本政府 20 日的建议是:"绝对最后建议"和"防止某种事件发生的最后努力"。这个最后通牒的期限是 11 月 29 日,电报最后强调,"最后期限绝对不能改变。在这之后,事情将自动地发生"。11 月 26 日,赫尔国务卿对日本的建议作了答复,向日方代表递交了美国政府拒绝日本建议的照会，即所谓《赫尔备忘录》。因为美国截获和破译了日本的密电，美国方面觉察到日本将有所行动，但并不清楚日本的具体进攻目标，对此，就连日本谈判代表野村和来栖也不知道。舍伍德指出，11月25日日本机动部队向珍珠港进发，这正是东乡密电上指定的"绝对最后期限"的前4天。这就是说，日本根本不需要美国的答复，在一本正经的、无效的外交换文还在继续之际，战争就已经发动了。

然而在日本却有另一种说法：日本袭击珍珠港的飞行部队总指挥官渊田美津雄于1967年再版了他的《袭击珍珠港》一书，对日本袭击珍珠港的指责作一番解释。他指出，罗斯福总统在当时那种情况下为了使美国人民在参战问题上统一起来，千方百计想找一个类似的"路西达尼亚"号邮船惨案的事情作为参战的借口（1915年5月7日，美国以"路西达尼亚"号邮船惨案为借口对德宣战，参加了第一次世界大战）。日本电报密码早已被美国先进的无线电监听系统破译了，而且，美国人早已得悉日本正在凯觎珍珠港。罗斯福对这件事情是完全清楚的，但他愚弄了人民和军队，故意使太平洋舰队处于无准备状态。另外，当时任机动部队第一航空舰队参谋的原田也曾经写文章表示，美国政府早已得到情报。罗斯福总统深谋远虑，企图以此振奋士气。

话虽如此，然而美军基地却没有丝毫戒备。1941年12月7日上午8点，日军飞机突然开始了对珍珠港的第一轮袭击。在几小时之内，日军同时向菲律宾、威克岛、关岛和其他太平洋目标发起攻击。美国举国上下为之震惊。"美国的太平洋基地为什么毫无防范?"英国记者和历史学家马克斯·黑斯廷斯在他的新书《地狱》中写道，这个问题至今仍然困扰着人们。黑斯廷斯否认了时任总统罗斯福明知珍珠港会受到攻击，而没有采取任何防范措施，并借此使得美国介入二战的说法。但是他说，美国的政治和军事领导人没有保证珍珠港和其他太平洋基地是处于全面防御状态的。已故马里兰大学教授戈登，可能是研究美国珍珠港事件最重要的权威人士。他认为核心问题是：美国政府根本不相信日本即将侵略自己的警告。他在他撰写的《在我们熟睡的黎明：珍珠港未被告知的故事》中写到："这个自负的判断，是珍珠港悲剧的根源。"

珍珠港事件后，美国国会曾就此进行了广泛的听证会。最终得到的结论是：军队集中精力训练，以至于没有注意到可能发生的袭击；军队指挥官担心弹药流出后会引发不安全事件，故而将防空用的弹药统一保管，没有提前分发到士兵手中；海军由于缺乏设备，在海上没有保持定期的飞机巡逻。而且当他们看到日本的舰船之后，指挥官也没有立即明令侦察机进行侦察。

令美国人感到惊讶的是，美军将领始终都不清楚日军航母发展究竟有多迅速。在最新一期的《海军历史》杂志上，历史学家乔纳森·帕歇尔和迈克尔·温格对这个问题给出了一个看似更加靠谱的答案：珍珠港事件中，日本使用多个运营商的飞机组合编成战斗机群，并采取蜂群战术。这是美国所不知道的日本军队拥有的技能。美国海军并不知晓日本航母的真正作战能力，因此不能准确的判断日军方面的行动。

珍珠港事件后，美国参战，但不是全面参战，在珍珠港事件之前，美国基本是孤立主义者，他们不想卷入又一场欧洲战争。包括查尔斯·林白和沃尔特·肯尼迪在内的公众人物支持的"美国第一"运动，在美国逐渐流行。该运动的支持者曾宣布要参加1942年的每一场国会选举，支持最激进的孤立主义候选人，不管他是民主党还是共和党。珍珠港遭袭后，该运动告一段落。

在陆军部长亨利·史汀生的资料中，工作人员发现了罗斯福于12月8日向国会发布的一则与日本、德国和意大利作战的宣言草案。但是最终该草案被弃用了，罗斯福只宣布对日本作战。

珍珠港遭袭将美国人从孤立主义的睡梦中惊醒，使他们投入到了太平洋战争中，但是他们并没有因此卷入欧洲战场。直到12月11日纳粹德国和法西斯意大利向美国宣战，总统罗斯福才不得不宣布美国将参加二战。

究竟珍珠港事件美国事先是否知情，是否是想借着珍珠港遭偷袭而参战，至今说法不一。

美国为何向日本投掷原子弹

迄今为止，人类历史上真正将核武器用于战争只有一次，那就是二战末期美国对日本进行的原子弹轰炸。换言之，日本是世界上惟一遭受原子弹轰炸的国家。

1945年8月6日8时15分，美军一架B－29轰炸机飞临日本广岛市区上空，投下一颗代号为"小男孩"的原子弹。"小男孩"

长 3 米, 内装 60 公斤高浓铀, 重约 4 吨, 梯恩梯当量为 1．5 万吨。"小男孩"在距地面 580 米的空中爆炸, 在闪光、声波和蘑菇状烟云之后, 火海和浓烟笼罩了全城, 在方圆 14 平方公里内有 6 万幢房屋被摧毁, 广岛 30 万居民中有将近一半死亡! 城市迅速化为一片废墟。这是人类历史上首次将核武器用于实战, 广岛成为第一座遭受原子弹轰炸的城市。

紧接着, 8 月 9 日, 时任美国总统杜鲁门又下令出动 B－29 轰炸机将代号为"大胖子"的原子弹投到日本长崎市。随着巨大蘑菇云冉冉升起, 所有的建筑物被毁殆尽, 长崎约有 10 万名市民死伤, 还有许多市民被辐射后患上各种疾病。历史注定记载着: 长崎市成为第二座遭受原子弹轰炸的城市。

"小男孩"和"大胖子"横空出世, 共造成近 30 万日本人伤亡。美军随之在日本投下大量传单, 称如日本再不投降, 将会遭到成千上万颗原子弹的轰炸, 直至彻底毁灭! 随后, 8 月 10 日苏联正式对日宣战。8 月 14 日, 日本裕仁天皇不得不接受《波茨坦公告》, 最终颁诏, 宣布无条件投降, 第二次世界大战至此结束。如此具有杀伤力的武器, 美国为何要选择在日本投放?

传统的观点认为: 其最终目的只是为了缩短第二次世界大战, 避免美军伤亡, 同时对苏联炫耀一下原子弹的威力。而且, 在投放原子弹后的第二天, 杜鲁门就发表声明, 要日本接受提出的条件, 早日投降, 否则的话, 日本只会自取灭亡。

但是有些日本学者对上述的看法提出了质疑。1986 年 3 月, 金子郭朗在日本《文艺春秋》特别号上发表《美国选择广岛投掷原子弹的原因》一文。

文章说，日本驻华盛顿的 7 名记者通过查阅美国国会公文文书馆、当时美国政府的有关机密文件和有关人员的日记、著作后发表观点：避免 100 万美军阵亡的说法是不可信的。当时美军绝密文件《日本登陆作战纲要》记载，美军准备在日本进行两场登陆作战，一是九州，二是关东平原，在拟制这份纲要时，美总参谋部曾征询过西南太平洋军司令部的意见，得到的答复是九州登陆作战的头 30 天将死亡 5 万多人，而麦克阿瑟坚持认为事实上不会有那么多伤亡。总之，不论从哪个文件也找不到死亡 100 万人的推算数字。所以，他们认为，宣称避免 100 万美军阵亡完全是一种夸张，是为了使投掷原子弹的行为合理化。

记者们根据所查阅的资料证明，在原子弹研究初期，美国就已确定对日本使用原子弹，并把它当作一种"巨大的实验"。美国还曾计划把这种未有充分把握的原子弹用来轰炸集合在特鲁克群岛的日本舰队，以避免万一原子弹不爆炸后泄露机密。随着原子弹试验成功，他们坚持要用原子弹进行攻击，目标选择在人口集中，没有遭到普通轰炸的城市，以便科学家同行观测原子弹的功能，检测其威力。这是原因之一。

另有一个原因是，美国迫于议会强大的压力而最终决定使用原子弹，因为美国研制这两颗原子弹耗资巨大，花了 20 亿美元。

原因三，《波茨坦公告》重申日本主权必须局限在本州、北海道、九州、四国及所决定的附近小岛，这使得日本人穷凶极恶，发誓与美国、中国斗争到底，美军核目标明确是轰炸日军军力设备，以战止战。日军推行所谓的"大东亚共荣圈""已威胁的美国在亚太的利益，日本作为一个国家，认为自己命中注定要统治亚洲，并由此据有亚洲的自然资源和广袤土地。未有丝毫的怜悯和犹豫，日本屠杀无辜的男人、女人和孩子。在惨绝人寰的南京大屠杀中，30万手无寸铁的平民被屠杀。这是犯罪。当时美军认为日本巧妙地打起种族主义这张牌，以此来宣示其行为的正义性。

原因四，美国为维护二战后领袖地位，威慑苏联，争取美国利益的最大化。其实，早在1945年初，二战的结局已日渐明晰，同盟国的最后胜利已经确定无疑，因此同盟国于1945年2月就最后战胜德国和苏联参加对日作战等问题在苏联雅尔塔举行首脑会议。会议期间，美国总统罗斯福在驻苏大使哈里曼和翻译波伦的陪同下，两次单独与苏联领导人斯大林和外交部长莫洛托夫进行秘密会晤，会晤的核心问题就是苏联对日作战问题。美国迫切需要苏联在结束对德作战后迅速参加对日作战。斯大林乘机漫天要价，经过讨价还价，最终美国同意以维持外蒙古现状、千岛群岛及库页岛南部和邻近岛屿交予苏联、苏联租用旅顺港作为海军基地、大连港国际化并保证苏联在大连的优越权益、通往大连的铁路由中苏合办的公司共同经营并须保证苏联的优越权益为条件，换取苏联在结束对德作战两至三个月后参加对日作战。史称《雅尔塔秘密协定》。

然而同年7月，美军又连续攻占硫黄岛和冲绳岛，攻击矛头直指日本本土，日本的失败已经指日可待。此时，美国对雅尔塔秘密协定已有了悔意，极不愿意苏联参加对日作战，让苏联白白拣个大便宜，分享美国苦战数年的胜利果实，所以美国决定给予日本一个最沉重的打击，迫使其在苏联未参战之前投降，而原子弹正是最理想的选择。这就是美国为何要急于在日本败局已定的情况下仍要使用原子弹的政治原因。也有传闻说美国总统杜鲁门虽是使用原子弹的最终决策者，但他实际上是在执行罗斯福总统早已指定的计划，展示核威力以恫吓日军。

究竟美国为何要向日本投掷原子弹，至今说法不一。还有待于后人去探索。

特洛伊战争之谜

在荷马史诗中的《伊利亚特》讲述了特洛伊战争的故事，但在史诗的描述中却是由一个金苹果引起的。特洛伊王子帕里斯在一次评判中把金苹果送给了爱情女神阿芙洛狄德即维纳斯，女神许诺把世界最美丽的女子给他做妻子。但却惹怒了天后赫拉和智慧女神雅典娜，她们发誓要对特洛伊人进行残酷的报复。后来王子帕里斯在途经斯巴达时，适逢斯巴达王麦涅拉俄斯外出奔丧。王后海伦接待了他，海伦美艳动人，深深吸引了帕里斯，帕里斯设法拐走了海伦。麦涅拉俄斯闻讯赶回，但已追赶不上。他向自己的哥哥迈锡尼王阿加门农求援，阿加门农号令希腊盟友，组成一支拥有1186只战舰和10万大军的联军，直奔特洛伊城下。阿加门农手下拥有众多良将，最典型的人物便是勇猛的阿喀琉斯。

《伊里昂纪》生动地描写了阿喀琉斯与帕特洛克罗斯之间情同

手足的友谊。珍视友谊，把承担对朋友的义务看得高于一切，反映了阿喀琉斯性格中温情善良的一面。这种温厚善良的本性还表现在当太阳神阿波罗把瘟疫射给希腊人并危及许多人生命时，阿喀琉斯首先站出来召集众人商量挽救同胞的对策。当赫克托父亲跪在他面前，泪流满面地吻着那双杀死自己儿子的手，泪流满面地哀求允许他赎回自己儿子的尸体时，阿喀琉斯忽然想到自己那年迈的父亲是多么珍爱自己，推己及人，竟激动地哭起来，不仅将赫克托的尸体交还给普里阿摩斯，而且答应休战 12 天，让老王从容地为赫克托举行葬礼。

阿喀琉斯是把勇敢视为最高荣誉的人，希腊主帅阿伽门农声言要从阿喀琉斯帐下抢走他心爱的女奴时，阿喀琉斯感到自己荣誉和尊严受到了重创，他怒气冲冲地说："我不想让人看不起，留在这儿为你增加财富！"阿伽门农淡然地回答说："我要亲自到你营帐里，把给你的奖赏、美丽的布里塞伊斯（阿喀琉斯喜爱的女人，特洛伊的小公主兼女祭司）带走，让你清楚地知道，我比你强多少，也使其它人小心，不要显得和你一样，当面给我顶撞。"阿喀琉斯气愤填膺，如果不是智慧女神雅典娜的制止，他将杀死自己的主帅。从此，他既不出战，也不参与议事，任凭希腊士兵成批地死于特洛伊人的刀箭之下，即使阿伽门农后来登门谢罪，他也无动于衷。显然，阿喀琉斯所争的主要不是财物和女奴，而是要让阿伽门农等人再也不敢侵害他个人的尊严与荣誉，承认他是最伟大的英雄。希腊有这样一位英雄，仿佛注定了斯巴达的失败。

但在阿喀琉斯重返战斗后，杀死赫克托尔，阿卡亚人（即希腊人）方转败为胜。然而特洛伊城堡依然岿然不动。

随后一个叫伊派俄斯的人，在女神雅典娜的授意下，献出一计：阿卡亚人烧毁了自己的营帐，佯称回国，在特洛伊城外留下一只大木马，里面躲藏了许多勇士，包括俄底修斯。特洛伊人信以为真，将木马当作战利品拖回城内。这时只有海神庙的祭司拉奥孔怀疑这匹木马，警告特洛伊人："你们怎能相信敌人留下的东西没有诡计呢？"雅典娜立刻派两条毒蛇把拉奥孔和他的两个儿子缠住，还咬死了他们，特洛伊人惊慌失色，以为拉奥孔冒犯了神灵，便不再怀疑木马有诈。当晚，特洛伊人载歌载舞，大摆酒宴，欢庆胜利。深夜，人们尽兴而散，疲劳的特洛伊人进入梦乡，城市死一般寂静。这时阿卡亚的勇士从木马里爬出，偷偷打开城门，等候在城外的联军一涌而入，围攻十年不下的特洛伊城就此陷落，特洛伊城被洗劫一空，青年男子被杀，妇女儿童沦为俘虏，昔日繁华的城堡顿时成为一片废墟。然而在史诗《奥德赛》中，故事并没有到此结束。帕里斯为他哥哥报仇，给了阿喀琉斯的脚踵致命的一击，（阿喀琉斯的母亲在夜里背着父亲把儿子放在天火中燃烧，要把父亲遗传给他的人类成分烧掉，使他圣洁。到了白天，她又用神药给儿子治愈烧灼的伤口。有一次，珀琉斯暗中偷看。当他看到儿子在烈火中抽搐时，不禁吓得大叫起来。这一来妨碍了忒提斯，因此阿喀琉斯除了脚踵之外全身刀枪不入。另外的一种说法是，阿喀琉斯的母亲在他小的时候把他拿到冥河里涮，由于他母亲是拿着他的脚踵倒着涮，因此阿喀琉斯除了脚踵之外全身刀枪不入）

希腊人则通过"木马计"，潜入特洛伊城内并最终摧毁了它。

此后特洛伊的黄金时代也就结束了。由此，西方人将"特洛伊木马"喻为用诡计欺骗别人，流传沿用至今。然而人们对是否有特洛伊城和特洛伊战争众说纷纭。在几千年后的今天，电影《特洛伊战争》的火爆再次引发全球，而特洛伊战争是真是假也成为人们争论的焦点，特洛伊战争是神话还是历史？《荷马史诗》和电影为我们讲述的故事可以相信吗？

正因为有关特洛伊的种种疑点还未揭开，所以直至今天，考古界对特洛伊的真实性还存在疑虑。但后来的土耳其政府对此予以肯定，并且建立了博物馆，供后人凭吊。

西班牙"无敌舰队"的覆亡之谜

16世纪欧洲马丁·路德宗教改革后，进一步引起天主教徒和新教徒之间残酷的宗教战争，从而使天主教国家西班牙和新教国家英格兰的矛盾公开化。1587年4月英国舰队侵犯西班牙加的斯港，并击毁18艘防守桨船。随后西班牙国王腓力决定派遣一支西班牙无敌舰队远征英国。

1588年5月末，西班牙"无敌舰队"从里斯本扬帆出航，远征英国。这时"无敌舰队"共有舰船134艘，船员和水手8000多人，摇桨奴隶2000多人，船上满载2.1万名步兵。显然，腓力二世是要利用西班牙步兵的优势，运用传统战法，冲撞敌舰，在强行登舰后进行肉搏，然后夺取英国船只，经英吉利海峡直捣伦敦。英国方面做了迎击准备，由霍华德勋爵任统帅，德雷克任副帅。英军共有 100 多艘战舰，载有作战人员 9000 多人，全是船员和水手，没有步兵。英国的战舰性能虽不如西班牙，但由豪金斯做了改进，船体小、速度快、机动性强，而且火炮数量多、射程远。这种战舰既可以躲开西班牙射程不远的重型炮弹的轰击，又可以在远距离对敌舰开炮，以火炮优势制胜。

8 月 6 日，"无敌舰队"到达法国加莱，停泊在海上，想与驻佛兰德尔的西军联系。由於後者未能及时到达，会师计划落空，後面又有英舰尾随，无法等待，只得继续前进。第二天夜间，昏暗无光，云雾重重，海面刮起强劲的东风，西班牙船员都已进入梦乡。英国人巧施妙计，把 6 艘旧船点燃，船内装满易燃物品，船身涂满柏油。6 条火龙顺风而下，向西班牙舰队急驰而去。顿时，火海一片，烈焰熊熊，"无敌舰队"一片混乱，在断缆开航时各船乱成一团，有的相撞沉没，许多船只烧毁。

8 月 8 日，两军在加莱东北海上进行了会战。西班牙的战舰高耸在水面上，外形壮观，但运转不灵，虽然人数和吨位占优势，却成为英国战舰集中炮火轰击的明显目标。英国战舰行动轻快，在远距离开炮，炮火又猛又狠，打得"无敌舰队"许多舰只纷纷中弹起火。西班牙开炮向英舰射击，却不能命中英舰，英国舰只尽可能避免进入西班牙火炮射程之内，在远处灵活闪避，活动自如。这种远距离炮战使西班牙舰队的步兵和重炮不能充分发挥作用。激烈的炮战持续了一整天，直到双方弹药用尽，轰击才告终止。"无敌舰队"被打得七零八落，两只分舰队的旗舰中弹、撞伤，一个分舰队司令被俘。剩下的西班牙舰只乘着风势向北逃窜，准备绕过苏格兰、爱尔兰回国。

狼狈逃窜的西班牙舰队弹尽粮绝，更倒霉的是在海上接连遇到两次大风暴，有的船只翻沉了。不少士兵、船员被风浪冲到爱尔兰西海岸，被英军杀死。到 1588 年 10 月，"无敌舰队"仅剩 43 艘残破船只返回西班牙，以近乎全军覆没的结局惨败。而英舰没有损失，阵亡海员水手只有百人左右。

这次海战是天主教主要拥护者与耶稣教主要拥护者之间的一次全面对抗，也是帆船舰队间作火炮远距离对攻的第一次大决战。英军在实战中检验了其创造的帆船海战战术理论的先进性。无敌舰队的惨败标志着西班牙衰落的开始。而英国在海战后受到鼓舞，在商业、探险和开拓殖民地方面都取得了相当的进展，成为"伊丽莎白"时代的特征。

为什么强大的"无敌舰队"竟然在寡弱对手面前不堪一击，一战而负呢？大致有三种意见。

一是基础说。西班牙的强盛，只是表面上的暂时的虚假繁荣。西班牙国王腓力二世加强专治统治，搜刮民财，连年征战，专横残忍，挥霍无度，激起了广大人民的愤恨，国内危机四伏。这次战争根本是不得民心的。

二是指挥失当说。另有学者认为，"无敌舰队"的惨败是由于国王用人不当造成的。1588 年 4 月 25 日，国王在里斯本大教堂举行授旗仪式，任命大贵族西顿尼亚公爵为舰队总司令，率领舰队远征。西顿尼亚出身于名门望族，在贵族中有较高威望，深得国王信赖，所以被任命为舰队统帅。但是他本来是一名陆将根本不懂海战，对指挥庞大的舰队在海上作战毫无经验，而且晕船。对这项任命他始料不及，根本没有任何思想准备和信心指挥这场战争。他也曾要求腓力二世另请高明，但未被获准。试想，这样的将领指挥海战，哪有不败之理？

三是天灾说。这种说法认为"无敌舰队"遇上了天灾，而不是人祸。它首先遇到的对手，是非常可怕而又无法战胜的大西洋的狂风巨浪。这是进军时机选择不当造成的。在"无敌舰队"起航不久即遇到大西洋风暴的袭击。"无敌舰队"许多船只被毁坏，淡水从仓促制成的木桶中漏出，食物大量腐烂变质，水手们疲惫不堪，大多数步兵也因为晕船而失去战斗力。"无敌舰队"还没有与英国交战先折兵，战斗力大大受到削弱。不得已，西顿尼亚带着这样一支失去战斗力的舰队与英军开战，从而导致厄运的发生。回国时，在苏格兰北部海域，再次遇到大风暴，一些舰船又被海浪吞噬或触礁沉没。至此，"无敌舰队"几乎已全军覆没。

虽然"不以成败论英雄"，但胜者为王，败者为寇。看来，"无敌舰队"覆亡的原因值得所有的军事家深思。

三顾茅庐是真是假

三顾茅庐，说的是汉末刘备三次诚访诸葛亮请他出山辅佐的故事。此后这个故事传为佳话，渐成典故。现在常用来比喻真心诚意地一再邀请、拜访有专长的贤人。

在《三国演义》中记载：刘备带领军队驻扎新野时，徐庶对刘备说："诸葛孔明者，卧龙也，将军愿见他吗？"刘备说："你带他一起来吧。"徐庶说："可以主动登门去见此人，但不能让他来拜见您。"于是，刘备就和关羽、张飞带着礼物到隆中卧龙岗，去请诸葛亮出山辅佐他。恰巧诸葛亮外出，刘备只得失望而回。不久，刘备又和关羽、张飞冒着大风雪第二次去请。不料诸葛亮又出外闲游去了。张飞本不愿意前来，见诸葛亮不在家，就催着要回去。刘备只好留下一封信，表达了自己对诸葛亮的敬佩，以及请他出来帮助自己的意思。

过了一段时间，刘备吃了三天素后，准备再去请诸葛亮。关羽说诸葛亮也许是徒有虚名，未必有真才实学，不用去了。张飞却主张自己一个人去，如诸葛亮不来，就用绳子把他捆来。刘备把张飞责备了一顿，又和关羽、张飞第三次去请诸葛亮。当他们到诸葛亮家时，已经是中午，诸葛亮正在午睡。刘备不敢惊动他，一直站到诸葛亮醒来，才彼此坐下谈话。诸葛亮见刘备有志替国家做事，而且诚恳地请他帮助，就决定出来全力帮祝他。诸葛亮自己写的《出师表》中也说："先帝不以臣卑鄙，猥自枉屈，三顾臣于草庐之中……"这几句话，证据确凿。陈寿在《三国志》中写到了《隆中对》，对刘备三次往访以及诸葛亮论天下形势的内容记载得更为详细。刘备"三顾茅庐"一直被当作礼贤下士、重视人才的典范。刘备当时困难重重，急需人才，从情理上看，"三顾茅庐"是极有可能的，所以历代没有人对此事的真实性有过怀疑。

但现在有人提出另一种说法，认为"三顾茅庐"的记载难以令人相信。诸葛亮是位胸有宏图之士，刘备请他出山，当然正合其意，他岂能大摆架子，而不抓住这个可能失去的机会？当时的诸葛亮只有27岁，刘备则是个有声望的政治家，对诸葛亮怎能那样低声下气地苦求？虽然前一种说法中以《隆中对》作为证据，但当时，曹操几十万南征大军正威胁着刘备，《隆中对》不提这个紧迫的现实问题，是不合乎情理的。同时，刘备第一次见诸葛亮，不会安排现场记录。所谓《隆中对》，很有可能是后人附会《出师表》而杜撰的。据此，"三顾茅庐"之说就不可信了。三国人鱼豢写的《魏略》中，也提到了刘、诸葛二人第一次相见的情景。《魏略》中说刘备屯兵于樊城时，曹操方已统一黄河以北，诸葛亮预见曹操马上就要对荆州发动进攻。荆州刘表性情懦弱，不晓军事，难以抵抗。诸葛亮于是北行见刘备。刘备因为诸葛亮年纪小，根本不重视他。诸葛亮通过谈论对当今政局的对策，才使刘备逐渐信任他。最后，刘备才"以上客礼之"。西晋司马彪《九州春秋》的记载也大同小异。

其实诸葛亮这个人是一定要出山的，因为《三国志》里说得很清楚，"自比管仲、乐毅"，管仲、乐毅就是要出将入相、建功立业，而诸葛亮要出将入相，刘备是最好的人选。诸葛亮不投靠曹操，不投靠孙权，甚至不就近为刘表服务，他就是要为自己选一个最好的老板，而刘备无疑是最好的人选，他岂肯在隆中坐等刘备"三顾"呢？

第二点，刘备确实需要人才，但他需要的是一群人，不是一个人；诸葛亮需要老板，可他需要的不是一批老板，而是一个老板。那么究竟是需要一群人迫切呢，还是需要一个人迫切？

第三点，以诸葛亮的智慧和当时的社会地位，他发现刘备，应该比刘备发现他要早。刘备那时已经很有名了但他未必知道有一个诸葛亮。那么，在这样的情况下，应该是诸葛亮去找刘备，何况当时形势非常紧急，刘备怎么可能坐在隆中去等这个不一定有把握请出的诸葛亮？

另外，关于刘备三顾茅庐的地方，是位于河南南阳的卧龙岗，还是位于湖北襄阳的隆中，从明代开始一直争论不休。直至清咸丰年间，南阳郡守顾氏因是湖北人，便写了一副对联："心在朝廷原无论先主后主；名高天下何必辨襄阳南阳。"这事才有所停息。

既然三顾茅庐的故事已成为一段佳话，并对后人有重要的启迪，又何必去苦苦追究有没有三顾茅庐的故事呢？

诸葛亮娶丑女为妻探秘

通过《三国演义》诸葛亮的名字已经家喻户晓，成为智慧忠贤的化身，他辅佐刘备共图大业，最终使蜀汉政权成了三国鼎立的一极。他的一生，奇闻轶事很多，"孔明择妇"便是其中之一。

诸葛亮不仅有才，而且相貌俊伟，据《三国志·诸葛亮传》记载，诸葛亮"身高八尺，犹如松柏"。如此一位青年俊才，却选了一位"瘦黑矮小，一头黄发"的丑女阿丑为妻，诸葛亮为何要娶丑女呢？后人争议很多。传统观点认为，诸葛亮重才不重貌，是注重人的内在美。阿丑自幼才识过人，颇有心计，诸葛亮早在成婚前就有所耳闻。诸葛亮是一位有大智慧人，所以娶丑妇不无道理，但并非全部。其实，诸葛亮娶阿丑，还是出于一种政治上的考虑。《三国志·诸葛亮传》裴松之注所引《襄阳记》记载："黄承彦者，高爽开列，为沔南名士。谓孔明曰：'闻君择妇，身有丑女，黄头黑色，而才堪匹配。'孔明许，即载送之。时人以为笑乐，乡里为之谚曰：'莫作孔明择妇，正得阿承丑女。'"

另一种说法是诸葛亮家境贫寒，出身卑微，自幼丧父，少年时代便过着流离转徙的生活，吃尽军阀混战的苦头，深受强宗豪族的压迫。后来跟着在南昌做豫章太守的叔父诸葛玄生活。14岁时，叔父因官被削而投靠了刘表；17岁那年，叔父死了，他从此没了依靠，就在襄阳城西20里的隆中定居。他虽然住在乡下，但他不想无声无息地隐居一辈子，他时刻关心着国家的盛衰，有着为国家尽忠的抱负，怀着如此壮志雄心，他立志要登上政治舞台而建功立业。

这种政治上的考虑无疑会影响到诸葛亮的婚姻大事，甚至还牵涉到了家人的婚事。这也是为在地主集团的上层站稳脚跟，以便今后一展鸿图。为此，他在家庭婚姻方面，做了三件事：第一，他把姐姐嫁给了荆州地主集团中在襄阳地区颇有名望的首领人物庞德公的儿子，庞德公对其赏识备至，称他为"卧龙"，从此，他就在荆州站稳了脚跟。第二，诸葛亮为弟弟娶了荆州地主集团中在南阳地区数得着的人物林氏之女为妻。第三，也是最重要的，他自己择妇结亲，当然要服从既留荆州又能结交望族这一政治目的，这也就是诸葛亮在荆州而不到其他地方去的原因。所以，诸葛亮娶了那个丑女黄氏。

诸葛亮为何不怕众人耻笑，而娶丑女黄氏呢？换作别人也许他会犹豫，但是黄氏之女他就娶定了，一是因为黄承彦在当地有相当声望，二是因为黄妻蔡氏和刘表的后妻是姐妹关系，做了黄家的女婿，就攀上了刘表这门皇亲。

据《诸葛亮新传》记载：当黄承彦当面问及诸葛亮时，他当即"拜谢泰山"，一锤定音，把从未见过面的阿丑要了过来，从而为诸葛亮进入地主集团开了"绿灯"，他是无论如何也不会放弃这个"进身之阶"的。

从封建历史文化来说，贤妻、美妻、正妻要相夫教子，帮助丈夫治理家业，诸葛亮深受传统文化的熏陶，在自己的婚姻上，自然遵循"贤妻美妻"的风俗，而据《三国志》记载，诸葛亮其后确实又要过一妾。但诸葛亮要丑妇的动机仍有争论，待后人再研究探寻吧。

赤壁之战之谜

赤壁之战是我国历史上著名的以弱胜强的战例，是利用特定地形特殊气候的谋略制胜。建安十三年（公元 208 年），初步统一北方的曹操率兵二十余万南下，进军赤壁。孙权和刘备有五万联军抵御。初战曹军失利，退驻江北。后周瑜等利用火攻，大破曹兵，从此形成曹、孙、刘三方鼎立的局面。

赤壁之战给人们留下来太多的谜团，真的有诸葛孔明巧借东风的事吗？曹操的二十万大军的战败真的是由于火攻吗？会不会另有原因？

《三国演义》第四十九回"七星坛诸葛祭风，三江口周瑜纵火"载："孔明向周瑜密书：'欲破曹公，宜用火攻；万事俱备，只欠东风。'并说：'亮虽不才，曾遇异人，传受奇门遁甲天书，可以呼风唤雨。都督要东南风时，可于南屏山上建一台……亮于台上作法，借三日三夜东风大风，助都督用兵……'"在建台及复杂的祭风仪式之后。又载："是日，看看近夜，天色清明，微风不动。瑜谓肃曰：'孔明之言谬矣。隆冬之时，怎得东南风乎？'将近三更时分，忽听风声响……霎时间东南风大起……程昱入告曹操曰：'今日东南风起，宜预提防。'操笑曰：'冬至一阳生，来复之时，安得无东南风？何足为怪。'"

京剧《借东风》演的是诸葛亮祭风借风助周瑜火烧赤壁的场景。历史学家认为，《三国演义》是历史小说，"借东风"是虚构的情节。天行健《正品三国》说："这东风不是诸葛亮借来的，而是一种客观的天气现象。"但是隆冬会刮东南风吗？

关于曹操战败的原因有学者并非是完全出于火攻，虽然有史料记载：《三国志·蜀书·先主传》载："权遣周瑜、程普等水军数万与先主并力，与曹公战于赤壁，大破之，焚其舟船。"司马光在《资治通鉴》中也说，黄盖"乃取蒙冲斗舰十艘，载燥荻、枯柴，灌油其中，裹以帷幕，上建旄旗，预备走舸，纱于其尾。去北军二里余，同时发展，火烈风猛，船往如箭，烧尽北船，延及岸上营落"。曹军败在火攻上，证据确凿。可是，随着社会进步，近些年来，有论者提出了许多关于火攻论的质疑。他们认为曹操之所以会失败，是因为军队遭遇疾病瘟疫，导致战斗力丧失，而不是由火攻造成的，更为详尽的是，他们说是血吸虫病造成曹军赤壁战败的。

血吸虫论者也是根据史籍提出这一论点的。如陈寿在《三国志·魏书·武帝纪》中叙述赤壁之战时，并未提及"火攻"这件事。他说，曹公到了赤壁，与刘军大战，不占上风。后来发生瘟疫，士兵大部分都死了，于是带领部队回去。从曹军主帅曹操在战后写给孙权的一封信中可看出，他不承认失败是因为遭到火攻，其中写道："赤壁之战，有疾病侵袭，我烧船而退，使周瑜白捡了这个好名声。"而曹操所说并不是惟一凭证，《吴书·吴主传》中也有曹操自己烧掉战船一说："曹公烧剩余船而退败。"由此论者认为，火攻一说不足以取信。曹军失利主要原因就是瘟疫，即血吸虫病，其理由是：

第一，我国古代早已存在血吸虫病，远古医书中的周易卦象便有"山风蛊"之病症，在公元7世纪初的《诸病源候论》中也有关于血吸虫病一类的记载。现今，研究者在出土于1973年的长沙马王堆一号墓中的女尸肠壁及肝脏组织中也发现了大量血吸虫卵。由此可以看出，早在汉代，血吸虫病之患就在长沙附近存在着。大量调查资料表明，与赤壁之战有关的地区为血吸虫病发区，尤其是湖南湖北一带。

第二，论者根据赤壁之战的时间与血吸虫病的易感染季节推断，血吸虫病的流行季节正好是曹军迁徙、训练水军的秋季。曹军从陆地转战水中，是最容易染上此病的。血吸虫在人体中的潜伏期为一个月，它们在一个月以后才会使人出现急性症状。所以曹军在训练时期已经染上此病，个把月后，进入冬季决战时期，此病也已进入急性期，致使曹军遭受此痛折磨，不堪一击。孙刘联军也同样是水上训练和作战，为什么不会染上血吸虫病呢？关于这个问题，论者认为这要根据人免疫力的强弱来看。孙刘联军长期居住于南方疫区，具有一定抵抗力，即使得此病，也不会这么严重。曹军都是北方人，抵抗力差，所以患此病的症状严重，因而溃败。

然而，血吸虫病说也不可尽信，它比火攻论的争议还要多。《新医学》1981 年 11 期与 1982 年 5 月 25 日的《文汇报》就这个问题相继载文展开争论，他们认为：

第一，曹操在邺而不是在疫区江陵训练水军，那里不是血吸虫病疫区，感染的可能性不是很大。

第二，史书确实记载曹操烧船退军一事，但烧船的地点不在赤壁而在巴丘，时间不在赤壁大战时，而在曹军兵败退到巴丘时。

第三，血吸虫病的潜伏期一般在一个月左右，少数在两个月以上，潜伏期越长，发病的症状也就越轻，所以即使曹军在秋季患上了血吸虫病，到大战爆发时才发病，曹军的身体状况也不会很糟糕。

第四，曹操的水军大部分是居于血吸虫病流行区的湖北人，跟孙刘联军的免疫力没有什么差别，除此之外，补充给曹操的刘绣军队也是来自疫区四川的士卒。所以，孙刘联军在免疫能力上与曹军没有高低强弱的分别。

火攻论不可尽信，血吸虫病说也有缺陷，曹操战败的原因是什么，究竟有没有诸葛亮借风的事，这又为人们留下了一个未解之谜。

杯酒释兵权之谜

王曾的《笔录》中就出现了"杯酒释兵权"的雏形。他是这样描述的：相国赵普屡以为言，太祖于是不得已召来石守信等到宫中酒宴，谈到过去彼此亲密无间的快乐往事时，乘机进言："我与诸位，兄弟相称，义同骨肉，哪里有什么芥蒂？但是言官们进说不已，我也不得不有所考虑，以今天的情况讲，不如各位自选风水宝地，出守外藩，世袭官爵，租赋所入，也足以自奉，这样优哉游哉地安度晚年，不亦乐乎？我后宫中有几个女儿，当与诸位的公子攀亲，以示君臣无间。诸位看如何？"

石守信等人都心领神会，叩首称谢。于是石、高、王诸人各归藩镇，俱蒙皇亲婚约，后二十多年，仍贵裔显赫。丁谓的《谈录》记述了赵匡胤与赵普的一段对话。宰相赵普对太祖赵匡胤说："禁军统帅石守信、王审琦兵权太重，不能再让他们领兵了。"赵匡胤听后不以为然，说道："石、王这两位老将是我多年的老朋友，难道还怕他们造反吗？"赵普说道："石、王这两位老将肯定不会造反。但他们缺乏统帅才能，日后肯定制伏不了部下。如果其属下将官要造反的话，他们也会身不由己的。"太祖仍然表示怀疑地说："这二人受国家如此重用和恩惠，难道会有负于我？"赵普从容答道："只怕就如陛下，怎么也负于周世宗了呢？"太祖顿时大悟，就听从了赵普的提议，罢了两人的兵权。

这段记载说明，太祖是在被赵普说服后，才开始按照赵普的建议着手进行解除兵权的。其中并没有戏剧性的"杯酒释兵权"故事发生。

从 20 世纪 30 年代开始，有学者对史料仔细考证后，对"杯酒释兵权"这一生动的历史故事提出了有力的质疑。

第一，《谈录》只讲罢石守信、王审琦二人的兵权，并无设宴请客这一情节。而《笔录》记载罢去兵权的夙将，除了石守信、王审琦外，还有其他几位将领，并增添了太祖设宴与夙将"道旧相乐"的情节。后世所谓"杯酒释兵权"一说，基本上都出于此。《涑水纪闻》则称石守信、王审琦等皆被罢军权，以散官就第，而又大事铺张设宴道旧情节，绘声绘影，恍如身历其境。看来，该故事经历了一个从无到有、由简到繁的递增过程。距离当事人的时代愈远，记载却愈加生动详细，显然，是编写人为了把故事写得生动有趣，不断添加、润色的结果。

第二，三书都说此事与赵普有关，但说法却不一致。据《谈录》，罢石守信、王审琦的兵权是宋太祖听了赵普一次谈话之后决定的；据《笔录》，则是在赵普多次苦谏之下，太祖"不得已"才同意的；而到了《涑水纪闻》，却是太祖、赵普两人共同谋划的结果。如此矛盾的说法，怎么能成为盖棺定论呢？

第三，上述三种史料，对石、王被削去兵权后的出路，说法也各不相同，有的只说"不令石、王主兵"，有的说他们"寻各归镇"，有的则说他们"皆以散官就第"。到底他们"释兵权"之后干什么去了，没有可以取信于人的一致的说法。

第四，"杯酒释兵权"这样一件大事，在北宋史官修的《太祖实录》和《三朝国史》中不见片语。元末，根据《太祖实录》、《三朝国史》等编成的《宋史·太祖记》，对此事也不着点墨，如果真有这件值得当时称颂的大事，《实录》、《国史》是不会不书的。

第五，"杯酒释兵权"这件事究竟发生在北宋哪一年，以上三本书均没有记载，而比司马光还晚一百多年的李焘在《续资治通鉴长编》里说它发生于建隆二年（961）七月。仔细阅读《宋史》可以发现一个很大的漏洞，建隆二年六月甲午（初二）太祖母杜太后病逝，六月初到七月初，按照当时的惯例，应是国丧期间，当时朝廷上下不准作乐，更不准宴饮。赵匡胤不可能违反这种礼仪。而且"杯酒释兵权"故事说赵普正担任宰相，而建隆二年时，赵普的职位仅为枢密副使，三品，还不足以同赵匡胤密谋大事。他第一次拜相是在乾德二年（964），这已是"杯酒释兵权"之后三年了。

所以，许多学者认为，"杯酒释兵权"这件事虽然听起来很有趣味，但经不起推敲，应该是子虚乌有的。所以杯酒释兵权是有是无，还有待于人们进一步考证。

《满江红》是否是岳飞所做

岳飞的诗词，虽留传极少，但这首气势磅礴、悲壮深沉的《满江红》却深为人们喜爱。他写《满江红》词时，中原大地正遭受金人铁骑的践踏。岳飞矢志抗金，反对投降，代表了广大人民的愿望，他执著地追求收复失地，报仇雪耻，反映了广大人民的心声，他战功赫赫，治军严谨，是中国古代历史上杰出的军事家和战略家。他自奉菲薄，廉洁奉公，把中华民族的优良传统发扬到了一个新的高度。所以，《满江红》一词，和岳飞的高风亮节一起，一直作为爱国主义的绝唱，唱彻神州。

首先对《满江红》的作者提出质疑的，是近代著名学者余嘉锡。他在《四库提要辩证》中的《岳武穆遗文》条下，提出了两点质疑：

一、这首词最早见于明嘉靖十五年（1536）徐阶编的《岳武穆遗文》，是根据弘治十五年（1502）浙江提学副使赵宽所书岳坟词碑收录的。赵宽未说所据何本，因而来历不明。而且赵宽碑记中提及的岳飞另一首诗《送紫岩张先生北伐》经明人考证是伪作。在此之前，此词亦不见于宋、元人的著述，为什么突然会出现在明中叶以后？深为可疑。

二、岳飞的孙子岳珂所编《金佗粹编》中的《岳王家集》也没有收录这首词。岳珂平生富于收藏，精于鉴赏，他与父亲岳霖搜访岳飞遗稿不遗余力。但是，从嘉泰三年（1203）他为《岳王家集》作序到端平元年（1234）重刊此书，共经历了31年，仍未收录这首词。因此，这首词可能不是岳飞所作。

对于这些观点，李安、邓广铭、陈非等学者进行了有力的驳斥。

《金佗粹编》未收，其原因在于：一、岳飞被赐死时，家存文件全被查封没收，后来虽蒙准发还，也并不齐全。岳飞冤死后，秦桧仍秉政十余年，故岳飞作品不能在当时传诵。到了元朝，由于统治者并非汉人，岳飞这首慷慨激昂的反"胡虏"之作，自然也受到压制，所以直到明朝，才出现人们广泛吟诵《满江红》的局面。二、岳霖、岳珂两代岳家后人没有搜集到此词，只能说明他们在这方面有遗漏。根据现有的史料看，岳霖父子也确有遗漏的实证。例如《宾退录》记载的岳飞的"雄气堂堂贯斗牛，誓将直节报君仇。斩除顽恶还车驾，不问登坛万户侯"一诗，就不见于岳珂编的《家集》中，因此，我们不能根据他们父子当时有没有收集到来断定作品的真伪。

继余嘉锡之后，著名词学家夏承焘于1961年也写了一篇《岳飞〈满江红〉词考辨》的文章，他除了赞同余氏的怀疑外，又提出了"贺兰山"地名有误。主要论点有：

一、岳飞伐金要直捣的"黄龙府"，在今吉林省境内，而贺兰山却在今内蒙古河套之西，南宋时属西夏，在明代则是北方鞑靼人常常入侵之地，距离岳飞伐金之地数千里之遥，且并非金国土地，若此词果真出岳飞之手，"不应方向乖背如此"。

二、贺兰山不同于前人泛称的"玉门"、"天山"之类的地名，它是实指。贺兰山在汉、晋时期还不见于史书，到北宋时才有记载。唐、宋时人们以贺兰山入诗，都是实指。直至明代中叶以后仍是如此，因此，以"泛称"解释岳飞的"乖背"，似也不通

三、弘治十一年（1498），明将王越在贺兰山抗击鞑靼，打了第一个大胜仗。因此"踏破贺兰山缺"，"在明代中叶实在是一句抗战口号，在南宋是决不会有此的"。所以，《满江红》不可能写于宋代，而是作于明代。

对于"方向乖背"的指责，大多数驳斥者认为：

一、《满江红》词中的"贺兰山"应为泛说，而不是实指。正如词中的"胡虏肉"、"匈奴血"指广义的敌人，而未曾实指女真人一样。既然把斗争对象称做"匈奴"，则不但在河套地区的贺兰山可以入词，就连阴山以及更西边的祁连山也同样可用。似不应因此而责备作者"方向乖背"。

二、此句之上是"靖康耻，犹未雪；臣子恨，何时灭"诸句，如只就"贺兰山"句而断言其为明人所作，则势必把"靖康耻，犹未雪"等句断为"泛指"。而"靖康耻"是特定的历史灾难，不可以泛指的。明代虽有"土木之变"，但不久英宗即被放回，且夺门复辟，不能称之为"犹未雪"；在明朝统治期内，中原与河朔地区从未被鞑靼人长期占领过，因而也不能产生"待从头收拾旧山河"的豪情。

三、就南宋的地理位置而言，金人控制着北方，其东西两端即南宋人眼里的东北和西北，就汉唐以来的历史版图而言，整个西北

部的大片土地都被少数族占领。因此，有不少南宋词作说到金兵时，常用"西北"和西北方向的历史典故。如与岳飞处同一时代的抗金名臣赵鼎在他的《花心动》词中说："西北欃枪未灭，千万乡关，梦遥吴越"。稍晚于岳飞的辛弃疾，在他的《稼轩词》中，既有"要挽银河仙浪，西北洗胡沙"之句（《水调歌头》），又有"袖里珍奇光五色，他年要补天西北"之句（《满江红》）；另一位与岳飞处同一时代的词人张元干在他的《贺新郎》中也说："要斩楼兰三尺剑，遗恨琵琶旧语！"他们的"楼兰"、"琵琶"，特别是常常提到的"西北"方位，显然，都指的是当前的敌人——金。我们能指责他们"方向乖背"吗？而且据黄拔荆教授考证，河北省磁县也有一座贺兰山，与岳飞及其军事生涯有着千丝万缕的联系。宋时的磁县当南北官道要冲，为兵家必争之地，岳飞在这里练兵、与金人交战，前后达六年之久。据此，则《满江红》中的"驾长车踏破，贺兰山缺"，是岳飞抒发抗金杀敌的壮志，陈述自己的战略设想的实写了。有了"贺兰山"这一句，则《满江红》词非岳飞莫属了。

说《满江红》作者不是岳飞的证据似乎很可信，反驳的说法也是正确的，但是《满江红》是不是岳飞所写已经不重要了，因为岳飞已经永远留在人们心中，《满江红》也在历史的古道上闪闪发光。

法老墓为何能杀人

金字塔是古代埃及法老的陵墓，"法老"一词是人们对古代埃及国王的敬称。这些统治者为了使自己死后不受打扰，便不惜人力物力大兴土木，建造这些金字塔来存放自己的尸体。

在金字塔幽深静谧的墓道里，刻着一句十足威严的咒语："谁若打扰了法老的安宁，死神的翅膀就必将降临在他头上。"人们以前对这种咒语不屑一顾，以为法老在墓道上刻上咒语，只不过是为了吓唬那些盗墓贼罢了，目的无非是想让自己获得永久的安宁。后来随着近代考古学的兴起，世界各地的考古学家和探险家前来埃及，或发掘古迹，或探寻宝物。他们自然也没有对咒语给予关注。可是接下来发生的事情，却让即使最胆大妄为的人和最痴迷于寻宝的人也望而却步了：进入法老墓的人，无论是盗墓者、科学家还是探险者或好奇的游客，绝大多数人或染上不治之症，或发生意外事故，然后莫名其妙地死去。人们直到此时才重新开始审视刻在墓道里的咒语："……死神的翅膀就必将降临在他头上。"这无疑是法老的咒语显灵了。

而在这些死亡事件中最为典型的，要算是挖掘法老图坦卡蒙的陵墓了。图坦卡蒙是埃及第十八王朝的法老，他9岁即位，不到20岁就去世了。传说中埋葬图坦卡蒙时陪葬了大量的珠宝，于是也吸引了许多探险者前来寻墓掘宝。1922年11月，英国考古学家卡特率领了一支考察队，终于打开了图坦卡蒙的陵墓，之前他们在埃及帝王谷的深山中奔波了整整7年。等他们凿开墓室时，金碧辉煌、满室珍奇异宝的景象让考察队员们欣喜若狂。然而人们意想不到的事情发生了，这支探险队的资助者卡纳冯爵士在进入陵墓后不久突然得疾病去世了。卡纳冯爵士时年57岁，身体一直很好。但那天他的左颊突然被蚊子叮了一口，这小小的伤口竟使他感染了急性肺炎，以致要了他的命。而令人不可思议的是，据后来检验法老木乃伊的医生报告说，木乃伊左颊下也有个伤疤，与卡纳冯被蚊子叮咬处疤痕的位置完全相同。更不可思议和更可怕的事情还在后面，在以后短短几年的时间内，涉及发掘和参观过图坦卡蒙陵墓的人中，先后有二十多人不明不白地死去了。考察队的考古学家莫瑟，因他建议推倒墓内一堵墙壁，从而找到了图坦卡蒙木乃伊。卡纳冯爵士死后不久，他就患了一种神经错乱的怪病，痛苦地死去。参加考察队的卡纳冯爵士的兄弟赫伯特，不久死于腹膜炎。协助卡特编制墓中文物目录的理查德·贝特尔，不久之后自杀。次年二月，他的父亲威斯伯里勋爵也在伦敦跳楼身亡，据说后来有人在他的卧室里发现了一只从图坦卡蒙墓中取出的花瓶。而发现图坦卡蒙的考古学家卡特，自以为侥幸躲过了劫难，胆战心惊地过着隐居的日子，不料在 1939 年 3 月突然死亡，而其家人宣称卡特平时并没有什么大的疾病。

直到后来埃及开罗博物馆馆长米盖尔·梅赫莱尔负责指挥工人从图坦卡蒙墓中运出文物时，他曾无所畏惧地对周围的人说："我这一生与埃及古墓和木乃伊打过无数次交道，我不是还好好的吗？"然而话未超过四个星期，梅赫莱尔就突然去世，时年 52 岁。

这些足以让人噤若寒蝉，并且生出这样的疑问：这些人的死去果真和法老的咒语有关吗？很多科学家自然极力否认这种"迷信"的说法。为了解开法老墓杀人之谜，几十年来，人们一直在进行种种的调查。一些科学家认为，死亡之谜来自于陵墓的结构。其墓道与墓穴的设计，能产生并放射出某种特殊的磁场或能量波，从而置人于死地。但要设计出这样的结构，必然要有比现代人更高的科学技术水平。而三千多年前的古埃及人又怎么可能掌握这种能力呢？

还有人认为，法老可能使用病毒来对付盗墓者，并且根据医生的报告，死亡的许多进入法老陵墓的人体内都携带有一种可以诱发呼吸道疾病的病毒。这也是为什么那么多人得肺炎而死的原因。但是什么样的病毒能在封闭的环境里生存四千年呢？

1983 年，法国女医生菲利浦提出了一种新见解，她认为死亡的原因都是因为死者生前对墓中霉菌过敏反应造成的。她分析说，在法老的陪葬品中，除了珠宝，还有水果、蔬菜等食品，这些食品天长日久便生出各种各样的霉菌，这些霉菌在空气稀薄的墓穴中，可以生存几千年，无论什么人，只要吸入这些霉菌，肺部便急性发炎，最后导致窒息而死。但是陵墓掘开后那么久，而霉菌微尘怎么不随风消散呢？

到底是什么原因导致了这些神秘死亡呢？显然现有的这些解释都有点牵强附会，难以让人信服，我们期待着科学家早日解开这个难解之谜。

谁人命名黄鹤楼

黄鹤楼与湖南岳阳楼、江西滕王阁并称"江南三大名楼"，它以仙阁琼楼、雄精制而著称。濒临滚滚长江，雄踞蛇山之巅，登楼远眺，但见彩云纷飞，白帆曳，日月轮回，潮涌起落，是历代骚人墨客登临游憩，感景抒怀的必到之所。时至今日，仍是人们耳熟能详的旅游胜地，崔颢那首飘逸的七律"昔人已乘黄鹤去，此地空余黄鹤楼。黄鹤一去不复返，白云千载空悠悠。"一直被举为黄鹤楼诗文之首。据说，诗仙李白游至此处，见到粉墙上崔颢题的《黄鹤楼》，也只有自叹一句"眼前有景道不得，崔颢题诗在上头。"搁笔而去。

这个千古名楼，旷世美景，虽以各种神话传说、名家诗赋而扬名海内外，但黄鹤楼缘何得名，今天仍然是一个无从定论的谜。按照《报恩录》中"辛氏酒楼"这个传说中的说法，楼名是为纪念仙人驾鹤给此地带来了财富而命名的。据说当时一个辛姓人士，看黄鹄矶上观景人甚多，遂选择此地卖酒为生。一个衣衫褴褛的道士每经此地必讨酒菜来吃，却从未支付过一文钱。辛氏不嫌不弃，好酒好菜以礼相待，如此一年有余，道士将别来谢，从桌上随手拾起一块橘皮（也有说是瓜皮），在墙壁上画了一只单足挺立、赤顶明眸、昂首待命的鹤，每有客来，鹤必翩翩起舞，悠然长鸣，辛氏也因此宾客盈门，生意兴隆。十年后，道士故地重游，看到一派富裕景象，心满意足，遂吹铁笛一曲，召回壁上的鹤，驾之远去了。辛氏为纪念道士，修建此楼。此楼也因仙人驾鹤得名黄鹤楼。《环字记》中关于黄鹤楼的记载则是"昔费祎登仙，每乘黄鹤于此憩驾。"传说当年费祎在黄鹄山修仙得道，乘鹤而去，后人希望再见到他，就建楼以图招鹤，因名黄鹤楼。《南齐书》上记录的是"仙人子安乘黄鹤过此"，得名黄鹤楼。……这些神话中讲述的命名缘由，虽然极富故事性和感染力，但包含了太多的演绎色彩，不足为其得名的真正依据。

很多学者从黄鹤楼的地理位置考证，其故址在今湖北省武汉市蛇山的黄鹄矶上。蛇山，据查是因山体蜿蜒曲折似蛇，而名蛇山，自明代开始在文献中正式以"蛇山"命名，古时称"黄鹄山"，山上的矶头称黄鹄矶。再结合唐代李吉甫《元和郡县志》的记载"城西临大江，西南因矶名楼，为黄鹤楼。"以及上海辞书出版社出版的《中国地名辞典》中的注释，"古'鹄'、'鹤'通用，黄鹄山即黄鹤山"。从三部典籍中的注述不难得出这样的结论，即黄鹤楼得名于其建筑的地点——在黄鹤山的黄鹤矶上——是因地名而得楼名。也有人根据《礼部诗话》的记载，指出崔颢题写《黄鹤楼》诗的时候，曾经自注"黄鹤乃人名也"。由此推想楼名是得自于人名。

种种说法虽都引经据典，但严格考证起来，却又都缺乏更为确凿和令人信服的证据．因此黄鹤楼的命名之谜一育延续到了今天。

尼斯湖水怪之谜

世界各地许多湖泊、河流都传说有怪物．其中最著名的是"尼斯湖怪"。尼斯湖是位于英国苏格兰的一个大淡水湖，面积 56.4 平方千米，在苏格兰湖泊中排在第二位，但是如果按水量来算，则排第一，因为它的湖水很深，最深处达到了 230 米。早在 1000 多年前，就有记载说那里有怪兽杀了人。据称，公元565年，爱尔兰传教士圣库仑（Saint Columba）在苏格兰传教时，听说有人在尼斯河（尼斯湖由这条河入海）游泳被怪物杀死了，于是派了一个人下河把怪物引出来，怪物冲向游泳者时，圣库仑高喊上帝的名字，手在空中划十字，命令怪物后撤，怪物果然乖乖地逃走了。围观的苏格兰人又惊又喜，目睹了神迹，于是纷纷改信基督教。

这段记载并没有描述怪物的模样，这头怪物凶狠杀人的本性和后来尼斯湖怪温和、害羞的形象也完全不符（莫非湖怪被圣库仑改了脾气?），但是相信尼斯湖怪存在的人还是把它当做尼斯湖怪的最早记载。其实这段记载完全不可信。它出自7世纪一本宣传圣库仑事迹的书《圣库仑的一生》，书中记载圣库仑创造的许多神迹，包括在苏格兰各地到处降妖伏魔，甚至动动嘴巴发出声音就能杀死野猪，降服尼斯怪物不过是其中一个不起眼的事迹而已。

尼斯湖怪的历史开始于上个世纪30年代。在1930年，当地的报纸开始出现有人在尼斯湖见到怪物的报道。闹得最凶的是1933年，一年之中就有20多起目击尼斯湖怪的报道，当时英国伦敦一家马戏团的老板伯特伦·米尔斯（Bertram Mills）还为此高价悬赏2万英镑（相当于现在1百万英镑）捕捉尼斯湖怪，引起广泛关注。1934年，医生罗伯特·威尔逊（Robert Kenneth Wilson）出示了一张据称他在当年4月19日抢拍到的尼斯湖怪的照片，更加轰动。这张照片虽然不是很清晰，但还是显示出了人们心目中湖怪的形象：长长的脖子和扁小的头部露出湖面，很像是一种早在7000多万年前就已灭绝的蛇颈龙。

据英国多家媒体报道，日前，一名67岁的英国老翁在尼斯湖畔发现了一块1．5亿年前的蛇颈龙化石，新恐龙化石的发现证实，早在侏罗纪时代尼斯湖畔就曾有恐龙生活和繁衍过，而近百年来频频出没、困扰整个科学界的所谓"尼斯湖水怪"很可能正是古代蛇颈龙的后裔！

据报道，新发现的化石是恐龙的四截椎骨，呈灰白色，上面可清晰地看到已变成石灰石状态的脊椎腱和血管，这块恐龙化石是67岁的英国老翁杰拉德·麦克索里在尼斯湖的一片浅水中发现的。

苏格兰民族博物馆科学家们15日证实，这的确是一块侏罗纪时代蛇颈龙的骨椎化石，并且是在英国尼斯湖畔发现的第一块古代恐龙的化石——它证实了有着35英尺长的古代海洋杀手——蛇颈龙的确曾经生活在尼斯湖区域。

然而，这一切不过是想象。尼斯湖不可能容纳蛇颈龙。苏格兰民族博物馆的古生物学家莱尔·安德森说："那块化石绝对是蛇颈龙化石，是一块极好的标本，我也相信麦克索利先生所说——是在尼斯湖发现的，但是有证据表明，这块化石来自其他地方，后来才移到尼斯湖中。"

他说："这块化石镶嵌在灰白色的、侏罗纪时代的石灰石中，但尼斯湖地区的岩石是要比这古老得多的晶体状火成岩。"而拥有与这种石灰石相匹配的岩石最近的地方，是尼斯湖东北50公里之外的艾希地区。"这块化石中，石灰石上有大量由海洋生物侵蚀成的孔洞，似乎直到非常晚近时期，这个标本还留在海滩。"其他科学家对安德森的看法都表示赞同。

　　1994 年 3 月，尼斯湖怪的名声受到了重大打击。一个名叫克里斯蒂安·斯伯灵（Christian Spurling）的 90 岁老人向两名寻找尼斯湖怪的科研人员临终忏悔，供出那张著名照片上的湖怪是他和其他四人用玩具潜水艇、塑料和木头制作的。

　　当然，那张最著名的尼斯湖怪照片是假的，并不能说明尼斯湖怪就不存在。但是，在 2003 年 7 月，"尼斯湖怪"存在的可能性被安全排除了。英国广播公司组织对尼斯湖进行了彻底的搜寻。他们用卫星导航技术，向尼斯湖发射了 600 条声纳射线，涵盖了尼斯湖的全部范围。如果"尼斯湖怪"存在的话，声纳碰到它肺里的空气，再反射回去，探测器就能收到畸变信号。但是探测器只收到了研究人员用来做试验的水中浮标反射回来的信号，而没有发现任何大型水生动物的踪迹，"尼斯湖怪"并不存在。具报道，英国古生物学家、恐龙研究专家尼尔·克拉克博士日前向科学界宣布，根据他的研究，他认为苏格兰尼斯湖怪兽的传说，纯粹是上世纪 30 年代一名马戏团老板的杰作，人们拍到的尼斯湖水怪照片，只不过是在水中游泳的马戏团大象而已。由于大象在水底下游泳，不明真相的目击者看到只是露出水面的象鼻或象背，因此以讹传讹，才使尼斯湖中存在怪兽的说法传遍了全世界。

　　克拉克博士称，尼斯湖怪兽的传说起源于上世纪 30 年代，当时，英国一家马戏团老板伯特拉姆·米尔斯看到他马戏团中的大象在尼斯湖中游泳洗澡后，立即意识到新近风传的"尼斯湖怪兽"，只不过是他马戏团中的大象而已。然而"尼斯湖怪"迷们显然对这项试图揭穿这一奇怪现象的研究并不当真，因为仅仅在去年一年，就有人声称先后四次看见湖怪，因此，他们坚信湖怪确实存在。连克拉克自己也承认，他的大象理论并不解释后来那些所谓的目击，因为后来尼斯湖边的马戏团基本上绝迹了，但人们还是不时地声称看到了"湖怪"。

有记者问克拉克是否相信"尼斯湖怪"的存在，克拉克说："我的确相信尼斯湖里有活物。"但这种活物是鱼还是其他不为人知的东西，克拉克并没有进一步描述。

"尼斯湖怪"的传闻最早出现在 6 世纪，后来自称看到湖怪的人数越来越多，也越传越"生动"。"尼斯湖怪"成为世界上保持时间最久的自然之谜。最近 100 年来，目击者又拍到了大量所谓"湖怪"的照片，每隔一段时间，也会有人站出来声称，"我看到了湖怪"。

有关尼斯湖水怪的事众说纷纭，水怪是否真的存在，它的庐山真面目到底是什么，还有待于科学家的继续探索。

亚历山大灯塔之谜

有关这个灯塔的来由，还有一个美丽的传说：公元前 280 年秋天的一个夜晚，月黑风高，一艘埃及的皇家接新娘的喜船，在兴匆匆地驶入亚历山大港时，触礁沉没了。船上的皇亲国戚及从欧洲娶来的新娘，全部葬身鱼腹。

这件事情震动埃及朝野上下的悲剧，使埃及国王托勒密二世下令在最大的港口入口处，修建导航灯塔，经过建设者的艰苦努力，一座雄伟壮观的灯塔，屹立在法罗斯岛的东端，立于距岛岸七米处的为巨浪所冲刷的礁石上，它就是亚历山大法罗斯灯塔，简称"亚历山大灯塔"。这座灯塔建在亚历山大城海滨外一公里多的法罗斯岛上，故以"法罗斯"定名。此后西方各国的"灯塔"一词，均以"法罗斯"（pharos 音。例如英语的"pharos"，法语的"pha-ros"，意大利语和西班牙语的"faro"等皆发此音。实际上，这座高大壮观的灯塔并非真在岛上，而是建在距该岛还有七米的一个大礁石上。石礁随海潮的起落而时隐时现，使整个灯塔建筑长年经受着海浪的拍打冲刷，好似在大海中拔起一座冲大天厦。塔上有一盏形体巨大、光芒四射、长年不熄的灯塔火炬。

这座 135 米高的巨型灯塔屹立了 1000 多年之久才被地震所毁；从公元前 281 年建成点燃起，直到公元 641 年阿拉伯伊斯兰大军征服埃及，火焰才熄灭。它日夜不熄地燃烧了近千年，这是人类历史上火焰灯塔所未有过的。公元 1375 年，发生了一次大地震，灯塔被震坍，至今没有留下任何遗迹。

公元前二世纪罗马哲学家安蒂培特的着作中，记载过有关灯塔的情况，当时灯塔已经与埃及、希腊、巴比伦的七个建筑并称为"世界七大奇迹"。后人也有进一步的描述，还画出精细的灯塔图样。

雄伟的灯塔，实际上建于公元前 282 年托勒密王朝的鼎盛时期。由古希腊着名的建筑师索斯特拉特设计，总面积 930 平方米。塔身用白色大理石砌筑，石缝之间用熔化的铅水弥合。塔柱、塔基为花岗岩石料，并用玻璃片充填。

据说，经当时科学学和建筑学家试验鉴定，玻璃最耐海水腐蚀。灯塔这样浩大的工程，据说整整花去 20 年时间。

灯塔十分庞大，高度达到 135 米，相当于现代 40 层的高楼，比现代最高的日本横滨港灯塔还高 28 米，接近埃及人引以为豪的吉萨大金字塔的高度。灯塔共分三部分：一层塔基，三层向上缩减的塔身，一个塔尖。灯塔内设三百间厅室，供管理人员和卫兵居住。真真是一座摩天大楼啊！

塔身之上是一圆形塔顶，其中一个巨大的火炬不分昼夜地冒着火焰。据传，火炬的作用除本身的火焰光芒外，还设有一个凹面金属镜，反射出的耀眼的火炬火光，使 60 公里以外的航船能遥望到灯塔的方位，从而不会迷失方向，顺利驶向亚历山大港。塔顶之上铸着一尊高约七公尺的海神波赛东青铜立像，为这座建筑增添了神话与艺术的风采。灯塔的外部造型非常美观考究，内部结构也十分严密复杂。塔身下层内部宽阔，从这里修筑了通到塔顶的倾斜的螺旋式上升的通路。在通到中层和上层的倾斜梯上还分别筑有 32 个和 18 个台阶。正中间有一个相当于现代电梯的人工升降装置，用以运送火炬燃料及各种物品，保证火炬长年日夜不熄。为克服单调感，求得整体建筑具有艺术性的视觉造型，塔内还建有许多相当于楼房的层层窗口。公元 700 年，亚历山大发生地震，灯室和立像塌毁。880 年，灯塔修复。1100 年，灯塔再次遭强烈地震的洗劫，仅残存下面第一部分，灯塔失去往日的作用，成了一座了望台，在台上人们修建了一座清真寺。

公元 1302 年，亚历山大发生了一场大地震，整个城市几乎被毁灭，灯塔也不能幸免，顶截坍落。1375 年又一次猛烈地震后，全塔毁坏。随着地层沉陷，法罗岛连同附近海岸地区慢慢沉入海底，千古奇观从此烟消云散。亚历山大灯塔是世界七大奇迹之一，几千年来，人类不断地探索者它的秘密。由于没有见到实物，历史的记载终归是一个谜。谁敢相信两千多年前能够造出那样庞大而且设计非常独特的灯塔？许多历史学家、考古学家、海洋学家不断追寻着灯塔的踪迹。

1978 至 1979 年，埃及考古队借助遥感技术和全球定位技术等现代科技手段，在埃及北部地中海港口城市亚历山大附近海底，终于发现了古亚历山大海港遗址。在当地年迈巫师的帮助下，从海港的水下找到灯塔的遗骸。考古队还打捞出一只镶嵌着精美宝石的纯金戒指。这成为埃及现代考古史上最重大的发现之一。

今日亚历山大海角立有一座新灯塔，但比古灯塔大为逊色。1892 年由避暑行宫改建的希腊———岁马博物馆，收藏着本城零散的文物，展示亚历山大饱经沧桑的悠久的历史。

"铁面人"之谜

铁面人"是人类历史上最富传奇色彩的人物之一。1789 年 7 月 14 日清晨，愤怒的巴黎市民，成千上万地向巴士底狱奔去，他们呼喊着摧毁了巴士底监狱。在监狱的入口处他们发现了一行字，上面写着：囚犯号码 64389000，铁面人。

"铁面人"到底是谁？根本无从考证，此囚犯的身份成了一个永远的谜。最早在作品中提到"铁面人"的，是法国思想家、哲学家伏尔泰。在他的名著《路易十四时代》一书中，有这样的记述：1661年，圣玛格丽特岛上的一座城堡迎来了一位特殊的客人，这位囚犯身材高大、年轻、漂亮、高雅，这个囚犯一路上戴着面罩，面罩的护颏装有钢制弹簧，使他能戴着吃饭而不感到丝毫不便。看押人员奉命，如果他取下面罩就杀死他。后来，这个无名氏被转到巴士底狱，住宿非常舒适，头等饭菜，典狱长很少在他面前坐下。蒙面人于1703年死去，至于他究竟是谁，伏尔泰没有下文。1703年，这个在监狱中度过了大半生的神秘人突然死去，当晚便被葬在圣保罗教区。随着他的神秘离世，他原本神秘的身世也似乎更加神秘了。

一位法国公主寄给英国皇室友人的一封信提到这名"老囚犯"。

"多少年来，有个人一直戴着面罩住在巴斯底狱，至死不除。两名武士永远守在他身旁，只要他一摘面罩便把他杀死……这里面必然有些蹊跷，因为除此以外，他受的待遇很好，住得很舒服，各项供应无缺……没人晓得他是谁。

从1669年在敦克尔克港被捕起，这个囚犯一直受严密防护。他被解往都灵（当时为法国领土）附近的皮诺罗监狱）的时候，狱长圣马斯（M. Saint-Mars）曾经接到一道指示："如果他向你谈论日常生活范围以外的任何问题，你便以处死来威吓他。"

圣马斯每次调长另一监狱，这名囚犯也随着移监，一路用轿子抬着他走，轿子用蜡纸密封，以防好奇者窥探。据说他几乎闷死在里面。1698年圣马斯调长巴斯底狱，那时候距离这名囚犯被捕已将近30年，圣马斯仍奉示施行严密戒备，不让看到出犯人真面目。

那具面罩好像是一种戒备而非惩罚，但是在这段期间，并没有什么知名人士失踪，不知道为什么要采取如此严密的戒备。这可能是由于这名囚犯的面貌跟某一要人极为相似，而面貌相似可能产生很多麻烦。

在大仲马笔下，铁面人的故事是这样的。阿拉宓斯秘密地从巴士底狱救出了被囚禁的路易十四的孪兄菲力普，并设计让他坐上王位，反把路易十四关入巴士底狱。但一昼夜后这一计谋被火枪手队长达尔大尼央识破，他帮助路易十四重登王位，而菲力普则再入囹圄，并且脸上永远蒙上了一层面罩。

关于铁面人，社会上有很多大胆的猜想，19世纪末，有人大胆假设囚犯是英国国王查理一世，说查理一世没有死在断头台上，而是有人代他受刑；后来查理来到法国，成为路易十四的阶下囚。但是，路易十四把死里逃生的查理一世关起来的原因是什么？

政治家及学者奎克斯武勋爵的一项看法与所有已知的事实都符合。他认为这囚犯并非他人，乃是法皇路易十四的亲生父。

路易十三与奥地利的安妮结婚后22年，一直无所出。黎塞留（Richelieu）红衣主教是当时法国的实权统治者，如法皇有嗣位人实际对他有利无害，因为嗣君仍可由黎塞留派控制。十四年来，法王与王后一直分居，于是黎塞留没法为两人正式和解。在全国震惊的情况下，皇后于1638年生下一子，这就是法皇路易十四。

法王与王后从未有过孩子，而且彼此深恶痛绝，因此很可能是黎希留说服皇后，让一位年轻漂亮的贵族，代表她的丈夫，和她生个儿子。当时在巴黎，姘妇无数的老皇亨利（Henry of Navarre）留下许多私生子，都是路易十三的同父异母弟兄，因而不需在波旁王朝（Bourbon）之外物色面首。也许黎希留很容易就找到一位神采翩翩，而且心甘情愿的波旁王朝贵族，并且说服了皇后。除此以外无法解此谜团。

这个孩子在童年时，皇室的人就都说这位年轻的路易健壮而活泼，完全不象他的父亲。如果这个说法不错，他的真正父亲可能被遣送到国外，也许遣到法国领地加拿大。后来他可能认为事过境迁而回到法国，或者希望从目前权威赫赫、自命太阳国王的儿子那里，求得一项优遇或赏赐。因为他的容貌太象法皇，他一露面就可能使皇室难堪，甚至影响法皇本身的地位。把他悄悄杀死是最明快的解决办法，但是不能这样做。路易虽非过分谨慎之人，还不至于谋杀亲父。另一办法就是把他完全隐藏起来，使他生活舒适，但除狱吏外不能与任何人接触。这个囚犯死时和活时一样，不露面容，不为人知，甚至入葬时还隐姓埋名。他和其他死在巴斯底狱的人一样，埋葬时使用假名。这位可能是自命太阳国王的法皇的亲生父，在档案纪录里名字是尤斯塔奇·道格职业仆役。

也有人断言犯人是法国的警察头子拉雷尼。当时宫廷御医帕·科齐涅在路易十三死后解剖尸体，发现死者并不是路易十四的父亲，就将秘密告诉了拉雷尼。宫廷为了防止这一丑闻传开，拉雷尼就成了终身囚犯。这一观点是维尔那多在其1934年出版的《皇后的医生》一书中提出的。

还有更多的说法。有说是路易十四的财政大臣富凯的仆人爱斯塔斯·多热，富凯曾是路易十四的宠臣，侵吞公款被捕入狱，当局宣布富凯突然死去，但是死者是多热，富凯则在面罩掩益下活着。

或者说多热的父亲是前首相黎塞留的侍从，知道许多王室丑闻，多热本人是近卫军中尉，在王宫杀死了一个听差而被捕，成为铁面人。

也有人认为蒙面囚犯是意大利的马基欧里，他得罪了路易十四。一些人认为铁面人是路易十四和德·拉瓦里埃小姐的私生子、年轻的维尔曼杜阿伯爵。这位伯爵使王位继承者蒙受了耻辱，因而遭受此难。另有些人认为，铁面人是在同土耳其人作战时失踪的波福公爵，甚至有些大胆的幻想家认为戴面具的是一位妇女……

戴面罩的囚犯究竟是谁呢？伏尔泰曾经说："这个囚犯无疑是个重要人物"，但又说"他被解送到圣马格丽特岛时，欧洲并没有什么重要人物失踪"。这确实是个令人费解的谜。囚犯的身份虽还不明确，但无疑他是一个宫廷斗争的牺牲品。

加尔各答黑洞之谜

1756 年年 4 月 8 日，印度莫卧儿帝国孟加拉省纳瓦布（太守）阿拉尔瓦迪汗年迈病逝，死后无子。由其外孙西拉杰·乌德·道拉继任纳瓦布之职。道拉是个年仅 20 来岁的青年人，血气方刚。他对英国东印度公司商人在孟加拉境内滥发许可证，勾结贪官污吏和擅自在公司的总部加尔各答的威廉堡修筑工事、架设炮台等种种违法行径，深感不满。为维护其尊严和权力，打击周围的亲英势力，他决定先发制人，把一批英国商人驱逐出境。不仅如此，他还勒令英国人拆除设在加尔各答城内的防御工事，并交出受他们庇护的一些贪官污吏。6月4日，他亲自率兵，占领科辛巴萨的英国商馆。翌日，又进军加尔各答。6月20日，兵临城下。加尔各答东印度公司负责人德雷克和威廉堡守军长官霍威尔稍作反抗后，即弃城投降。这样，道拉毫不费力地占领了加尔各答。

一批英国生意人仓惶出逃，没来得及逃生的守军和英国人当了俘虏。当时道拉曾下令，在黎明到来之前，不得随意处置任何一个俘虏。然而，道拉手下怀有强烈民族感的印度士兵，将俘获的欧洲人，大部分是英国人，总共146人，一股脑儿地关进一间黑房子里（只有一个小小的窗户），待到翌晨6点钟房门被打开时，发现123人已窒息而死，仅23幸免。

这就是一些英国资产阶级史学家在他们撰写的印度史中大肆渲染的所谓加尔各答"黑洞悲剧"的简况。

可是，也有些英国学者持不同看法。例如，英国著名的史学家珀西瓦·斯皮尔，在其所著《牛津印度现代史（1740—1975）》一书中，就表示了不同的看法。他认为，"黑洞"事件未必可信，更不应将此事的责任归咎於纳瓦布道拉一人。因为全部事实的经过，只是根据当人霍威尔一人之说。同样，许多印度史学家对这一传说也提出质疑。他们承认当时加尔各答的局势是非常复杂的，一些英国人在混乱中被打死也是完全有可能的。但这一批人到底是怎样死掉的，谁也说不清楚，于是，后来就流传"他们被杀死在黑洞里"的说法。

同样，在R.C.马宗达、H.C.赖乔杜里和卡利金卡尔·卡塔合著的《高级印度史》中也认为"黑洞悲剧"的真实性值得怀疑。而在巴基斯坦学者拉希姆所著的《巴基斯坦简史》中则指出，根据当时的另一位当事人——加尔各答东印度公司负责人德雷克的说法，被俘的英国人只有39人，其中有16人在那天晚上死亡。很显然，"黑洞事件"只是英国入侵孟加拉的一个借口，他们以此作为幌子，对南亚次大陆无所顾忌地大行侵略。当时的殖民军军官克莱武甚至公开在英国议会下院炫耀自己的强盗行为。

英国历史学家一般的看法是，死于'黑洞悲剧'的总人数是123人。这一说法，主要依据霍威尔的口述，并无确凿证明。印度和巴基斯坦的一些史家，在他们的史学著述中，都表示不同意这种说法。例如，50年代出版的，由辛哈和班纳吉两人合著的《印度通史》一书中说："一般认为'黑洞'的说法有它错综复杂的地方，很难和事实一致。"他俩的看法是，事发的那天晚上不可能有多到146个欧洲人留在加尔各答。真正的人数大概只有60人。后来之所以夸大到死了123人，很可能是出自那位"爱好虚荣的霍威尔"想以此来表现自己。

巴基斯坦学者拉希姆等人写的《巴基斯坦简史》中在提及这一事件时说："按照德雷克的说法，总数为39人'，'其中16人在夜间死去'。"不管是60人也罢，16人也罢，他们究竟是如何死去的实在难以断定。由于当时加尔各答局势混乱，没有确凿可信的证据来说明究竟有多少英国人被俘和死掉。人所共知，其时适逢英法七年战争爆发之际。一方面，英国人耀武扬威，蠢蠢欲动，准备与法国殖民者争夺南印度霸权；另一方面，孟加拉人对"生意人"的横行霸道和巧取豪夺，深恶痛绝。所以当纳瓦布道拉率军攻打加尔各答城内威廉堡时，英国人肯定是孤立无援的、在混战中，死掉一些人，也是完全有可能的、霍威尔绘声绘色地夸大其词，只不过是想唆使英国人反对纳瓦布政府、后来这一传说就为英国一些史家所沿用，至於霍威尔本人却"因祸得福"，在死里逃生后，一度擢升为孟加拉省督。

黑洞事件中另一矛盾的地方是：这间黑牢（一度曾用作过军事监牢）到底有多大，致使一夜之间在 146 人中竟有 123 人窒息而死。较多的说法是，这 146 人被关在一间 20 平方英尺的房间内，四周漆黑，只有一扇小窗供通气、所以到第二天一早闷死这么多人、根据印度学者巴哈塔查利亚著的《印度历史词典》中关於"黑洞事件"条目的释文，这间黑洞长 18 英尺，宽 14 英尺 1 英寸。

如果真是如此，那是绝不可能容纳下这么多人的。由此可见，霍威尔的口述言过其实，令人难以置信。很显然，霍威尔的说法是别有用心的。英国人果真采取了报复手段，一度重新夺回加尔各答。大约离黑洞事件发生后一年时间，也就是在 1757 年 6 月 23 日，在孟加拉发生了著名的普拉西战役。当时英国殖民者克莱武率领 3000 名英印士兵，与纳瓦布 5 万大军在离加尔各答 83 公里的普拉西地方，两军对峙，双方决战结果，克莱武竟然以少胜多，一举打败了纳瓦布的大军。其实这并非出自克莱武的军事天赋，而是纳瓦布道拉的陆军总司令被英人收买，他在战场上按兵不动，倒戈所致。普拉西战役是印度沦为英国殖民地的开端。此战之后，不列颠人带给印度的灾难是远非黑洞悲剧中英国人所遭受的生命损失能相提并论的。它是属于另一种性质的，在程度上不知要深重多少倍。

黑洞事件中究竟死了多少英国人，至今也还是一个疑团。

《兰亭集序》的下落之谜

据史料记载，《兰亭集序》是唐太宗李世民的极为珍惜的宝物。只是唐太宗死后，王羲之的《兰亭集序》真迹至今下落不明。

史书记载：《兰亭集序》在李世民遗诏里说是要枕在脑袋下边。那就是说，这件宝贝应该在昭陵（唐太宗的陵墓）。唐末五代的军阀温韬在任陕西关中北部节度使期间，把昭陵盗了。史籍记载："在镇七年，唐帝之陵墓在其境内者，悉发掘之，取其所藏金宝。"李世民的昭陵自然难以幸免。盗墓者进入昭陵的地宫后，见其建筑及内部设施之宏丽，简直跟长安皇城宫殿一样。墓室正中是太宗的正寝，床上放置石函，打开石函，内藏铁匣。铁匣里尽是李世民生前珍藏的名贵图书字画，其中最贵重的当推三国时大书法家钟繇和东晋时大书法家王羲之的真迹。打开一看，200 多年前的纸张和墨迹如新。这些稀世珍藏，全被温韬取了出来，但迄今千余年来下落不明，谁也不知道这些宝物去向何方。

但在温韬写的出土宝物清单上，却并没有《兰亭集序》，而且此后亦从未见真迹流传和收录的任何记载。一些史学家认为，温韬盗掘匆忙草率，未作全面、仔细的清理，故真迹很可能仍藏于昭陵墓室某一更为隐秘之处。

史学界还有另一种说法，那就是《兰亭集序》并没有随李世民埋藏到昭陵之中，而是埋在了唐高宗李治的陵墓乾陵之中。持这种观点的人认为：唐太宗死时，并没有提出要将《兰亭集序》随葬，而是将《兰亭集序》交给了同样喜爱传世艺术品的儿子李治。

李治在位 34 年，于弘道元年（683 年）驾崩，葬于乾陵。李治临终前在病榻上遗诏，把生前喜欢的字画随葬。因此，在《兰亭集序》失传之后，就有人怀疑《兰亭集序》并非随葬昭陵，而是被葬在乾陵。

唐代皇陵有 18 座，据说被温韬挖了 17 座，惟独挖到乾陵时，风雨大作，无功而还。在唐之后，再没有人见过《兰亭集序》的真迹，这也使更多人相信《兰亭集序》随葬乾陵的说法。

《兰亭集序》真迹的下落，至今仍是一个谜团，看来只有到以后昭陵、乾陵正式发掘之时才能真相大白。历史留下的问题，最终只有时间能回答。

百慕大三角之谜

"百慕大魔鬼三角"是美国东南沿海的西大西洋上，北起百慕大，延伸到佛罗里达州南部的迈阿密，然后通过巴哈马群岛，穿过波多黎各，到西经 40 线附近的圣胡安，再折回百慕大，形成的一个三角地区，称为百慕大三角区或"魔鬼三角"百慕大三角是一个风景秀丽的旅游胜地，这里海水清澈，没有受到一点污染，然而如此美丽的地方却屡屡发生奇异的怪事，并且有很多人在这里丧生，但到现在也没有人探索出来发生怪事的原因。

1945 年 12 月的一天，美国第 19 飞行队的队长泰勒上尉带领人 14 名飞行员，驾驶着 5 架复仇者式鱼雷轰炸机，从佛罗里达州的劳德代尔堡机场起飞，进行飞行训练。泰勒是一名经验丰富的飞行员，有着在空中飞行 2599 小时的飞行记录，他的飞行技术对完成这样的训练任务应该是根本不成问题的。但当飞行的机群越过巴哈马群岛上空时，基地突然收到了泰勒上尉的呼叫："我的罗盘失灵了！"，"我在不连接的陆地上空！"以后两个小时，无线电通信系统断断续续，但是还能显示出他们大致是向北和向东飞。下午 4 点，指挥部收到泰勒上尉的呼叫："我弄不清自身位置，我不知在什么地方。"接着电波讯号越来越微弱，直至一片沉寂。指挥部感到这事不大对头，立即派一架水上飞机起飞搜索。半小时后，一艘油轮上的人看见一团火焰，那架水上飞机坠落了。

在短短的 6 个小时，6 架飞机，15 位飞行员一下子都不见了。他们消失得莫名其妙。这件事使美国当局受到极大的震动，军方决心查个水落石出。次日，在广达 600 万平方公里的海面上，出动了 300 架飞机和包括航空母舰在内的 21 艘舰艇，进行了最大规模的搜索。搜索范围从百慕大到墨西哥湾的每一处海面，时间达 5 天之久，可仍没能找到那六架飞机的踪影。百慕大随着这件事出名了，于是越来越多的人开始关注它来。

1935 年 8 月，意大利籍的货轮"莱克斯"号的水手们，亲眼看到美国籍纵帆船"拉达荷马"号被海浪渐渐吞没，他们奋不顾身地从海上救起了"拉达荷马"号溺水的水手。但 5 天之后，"莱克斯"号的水手却惊讶地发现，"拉达荷马"竟然漂浮在海上。这并不是幻觉，因为"莱克斯"号上的水手，连同被他们救起的"拉达荷马"号上的水手，一同登上了"拉达荷马"号纵帆船。一艘已经沉没了的船，怎么可能又重新漂游海上呢？人们无从解释。

1963 年，美国籍油轮"玛林·凯思"号穿过这片海域，航行的第 2 天，船上的报务员还向岸上通报说："航行正常，位置北纬 26 度 4 分，西经 73 度。"但这是"玛林·凯思"号传给世界的最后讯息，它从此失踪了。谁也无法想象这样一艘装有现代化导航和通讯设备的油轮，竟然连一点油花都没留下，就从这片海域上失踪了。

1872 年，这一带海面又发生了一件怪事。一艘双桅船"玛丽亚·采列斯特"号，在亚速尔群岛以西 100 海里的地方漂浮。当它被人们发现时，船上又是空无一人，而且船舱的餐桌上还摆着美味佳肴，茶杯里还盛着没喝完的咖啡和水。壁上的挂钟正常地走动，缝纫机台板上还放着装着机油的小瓶子。这一切除了说明这艘船没有遇到风浪之外，丝毫不能解释它的主人为何弃船而去。

1918 年 3 月，此装载着锰矿的美国海军辅助船"独眼神"号在失踪，这艘巨型货轮拥有 309 名水手，并有着当时良好的无线电设备，竟没有发出任何呼救讯号就无影无踪。

1951 年，巴西一架水上飞机在搜寻他们一艘在这片海域失踪军舰时，发现百慕大海域的水面下有一个庞大的黑色物体，正以惊人的速度掠过。

1977 年 2 月，有人驾驶私人水上飞机飞过百慕大海域，发现罗盘指针偏离了几十度，正在吃饭的人发现盘子里的刀叉都变弯了。飞离这里后，他们还发现录音机磁带里录下了强烈的噪音。

美国海难救助公司的一位船长说，有一次他乘船途经百慕大海域时，船上的罗盘指针突然猛烈摆动，正在运转的柴油机功率突然消失，浊浪滔天，船的四周都是大雾。他命令轮机手全速前进，终于冲出大雾。但这片海域外的海浪并不大，也没有雾。他说，从未见过这种怪事。

百慕大还上演了"死而复生的"故事：989年2月26日，一艘由巴拿马渔船在百慕大三角南75里处作业，人们发现一白色布袋在海面上一沉一浮，拉出海面一看，里面竟是一个活人。这个人叫米高维尔斯奇思，他在1926年死于癌症，他随身携带的一些文件证明了这点。他先被送到百慕大医院，后又被转至欧洲苏黎世精神中心，以便找出其"死而复生"的原因？医生们费尽周折也找不出原因，他自已也不明所以。

此人1918年移居百慕大，1923年患癌症，1926年3月24日，他的妻子遵照其生前要求海葬的遗愿，把他装在帆布袋里海葬，抛到百慕大以南的海里。想不到63年他怎么活过来了呢？即使"复活"了，在帆布袋里也会淹死呀？他本人对这些也不能解释，他说他"死"后自已也很模糊，只记得恢复知觉时被人救上了渔船。

1946年3月16日，白赖仁的莉地亚夫结为夫妇。一年后，他们在百慕大坐游艇再度蜜月，在游览中，白赖仁失足坠入海中，被汹涌的波涛卷的无影无踪。莉地亚回到家乡肯特基后，不再嫁人，苦苦思念着丈夫。43年后的1990年初，莉地亚心血来潮，她要故地重游，租用了老船长63岁杜比亚辛的船，当船驶到她丈夫被溺的海域时，被认为早已溺死的白赖仁竟奇迹般的出现在该船的甲板上，与其忠贞的妻子拥抱、接吻，之后却又出乎意料地双双消失了，好在船长并未因惊奇而发昏，就在这对夫妇拥抱、接吻的一刹那，他不失时机的利用照像机拍摄了一张珍贵的照片，并在返回港口后向警方出示了这张照片，警察们也不得不相信这个事实。

令人不解的是，白赖仁当初是怎么回下来的？这43年他在干什么？夫妻相会后为什么又双双不明不白的"消失"了？他们又去了哪儿？这不是现今人类的知识所回答得了的。

这种"死而复活"的事比天方夜谭还离奇神秘，在地球人中相信的恐怕还不到百分之一，但既然别人言之凿凿，我们也就姑且听之吧。

对于百慕大三角的怪事，科学家给了很多的解释，一种看法认为，百慕大三角海域的海底有巨大的磁场，它能造成罗盘和仪表失灵。

1943年，一位名叫袭萨的博士曾在美国海军配合下，做过一次有趣的试验。他们在百慕大三角区架起两台磁力发生机，输以十几倍的磁力，看会出现什么情况。试验一开始，怪事就出现了。船体周围立刻涌起绿色的烟雾，船和人都消失了。试验结束后，船上的人都受到了某种刺激，有些人经治疗恢复正常，有的人却因此而神经失常。事后，袭萨博士却莫名其妙地自杀了。临死前，他说试验出现的情况与爱因斯坦的相对论有关。他没有留下任何论述，以致连试验的本身也成了一个谜。

有人认为百慕大区域有着类似宇宙黑洞的现象。黑洞是指天体中那些晚期恒星所具有的高磁场超密度的聚吸现象。它虽看不见，却能吞噬一切物质。不少学者指出，出现在百慕大三角区机船不留痕迹的失踪事件，颇似宇宙黑洞的现象，舍此便难以解释它何以刹那间消失得无影无踪。

有人认为百慕大海域海底有一股与海面潮流发生冲突时，就会造成海上事故，但这股海底的潜流又是怎样形成的此也没有一个较为合理的解释。

　　据说 1979 年，美国和法国科学家组织的联合考察组，在百慕大海域的海底发现一个巨大的水下金字塔。根据美国迈阿密博物馆名誉馆长查尔斯·柏里兹派人拍下的照片，可以看到这个水下金字塔比埃及大金字塔还要巨大。塔身上有两个黑洞，海水高速从洞中穿过。

　　水下金字塔的发现，使百慕大三角谜变得更为神秘莫测，它到底是人造的还是自然形成的？它与百慕大海域连续发生的海难和空难有什么关系？这些都有待于人们的进一步探讨。百慕大这个黑洞，至今还没有看见底。

　　多少年来，百慕大三角的谜团一直困扰着人们，那里到底是个什么地方，是什么让如此多的人无缘无故的丧生，是什么原因导致这里发生一件又一件骇人听闻的离奇怪事。我们相信，随着科学的不断发展，百慕大的谜团终会解开的。